마인드맵으로 정리하는

한국사 독해

5 대한 제국~현대

 역사 연표를 통해 한국사 흐름을 이해합니다.

역사 연표

역사 연표를 보고 배울 내용을 먼저 확인합니다.

 한국사 이야기를 읽고, 문제를 풀며 한국사를 이해합니다.

꼼꼼하게 읽기

중요하다고 생각되는 문장과 단어에
표시를 하면서 이야기를 꼼꼼하게 읽습니다.

읽은 날

날짜를 쓰면서 스스로
학습 계획을 점검합니다.

수행·단원 평가 대비

서술형 문제로 수행 평가,
단원 평가에 대비할 수
있습니다.

확인 문제

문제를 풀면서 한국사
이야기에서 꼭 알아야
할 지식을 확인하고
이해합니다.

한국사 이야기

교과서를 중심으로
선정한 다양한 주제의
한국사 이야기를
읽으며 지식을 쌓습니다.

역사 용어

낯설고 어려운 역사 용어를
쉽게 풀이해 내용을
잘 이해하도록 돕습니다.

역사 포인트

한국사 이야기에서 가장
핵심이 되는 내용을 다시 한번
읽으며 정리합니다.

유물과 유적을 보며 한국사에 대한 배경지식을 쌓습니다.

역사가 보이는 유물 유적

유물과 유적을 생생한 사진과 함께 보면서
한국사에 대한 배경지식을 쌓습니다.

재미있는 퀴즈로 한국사에 흥미를 갖습니다.

역사 퀴즈

글자 퍼즐, 사다리 타기, 초성 퀴즈 등 다양하고
재미있는 퀴즈를 풀면서 한국사에 흥미를 갖습니다.

마인드맵으로 한국사를 통합적으로 이해합니다.

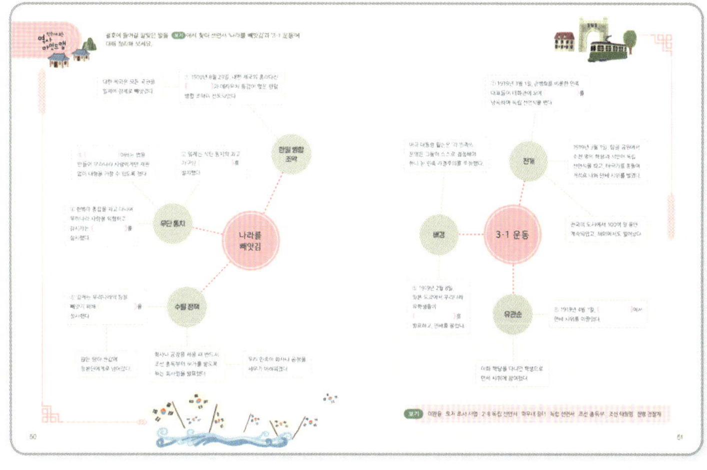

역사 마인드맵

마인드맵으로 내용을 정리하면서 중요 사건과 인물을 다시 한번
확인하고 통합적으로 이해합니다.

차례

대한 제국과 을사늑약

나라를 지키기 위한 노력

일본의 무단 통치와 독립운동

대한 제국과 을사늑약

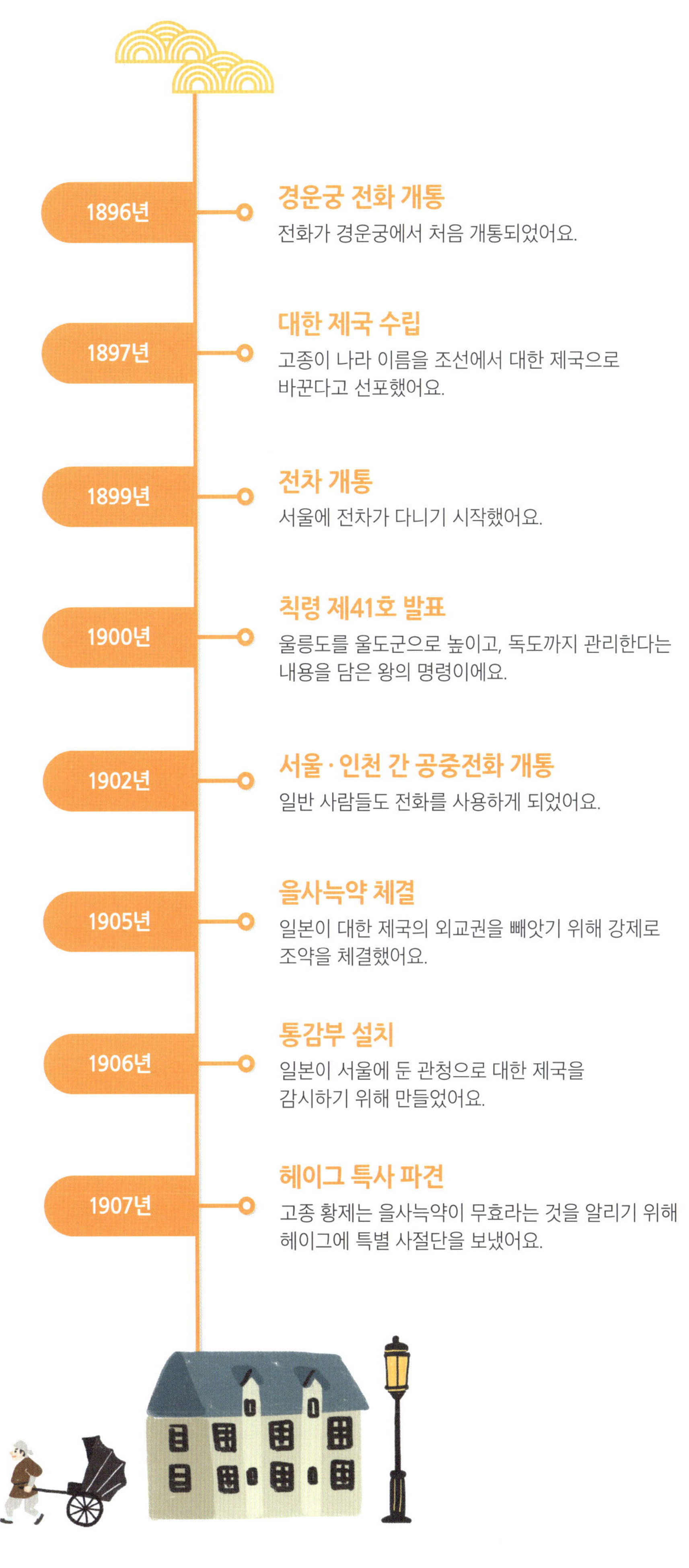

1896년
경운궁 전화 개통
전화가 경운궁에서 처음 개통되었어요.

1897년
대한 제국 수립
고종이 나라 이름을 조선에서 대한 제국으로 바꾼다고 선포했어요.

1899년
전차 개통
서울에 전차가 다니기 시작했어요.

1900년
칙령 제41호 발표
울릉도를 울도군으로 높이고, 독도까지 관리한다는 내용을 담은 왕의 명령이에요.

1902년
서울·인천 간 공중전화 개통
일반 사람들도 전화를 사용하게 되었어요.

1905년
을사늑약 체결
일본이 대한 제국의 외교권을 빼앗기 위해 강제로 조약을 체결했어요.

1906년
통감부 설치
일본이 서울에 둔 관청으로 대한 제국을 감시하기 위해 만들었어요.

1907년
헤이그 특사 파견
고종 황제는 을사늑약이 무효라는 것을 알리기 위해 헤이그에 특별 사절단을 보냈어요.

대한 제국 황제가 된 고종

1897년 2월, 러시아 공사관에 머물던 고종은 경운궁으로 돌아왔어요. 신하들은 고종에게 조선도 황제가 다스리는 나라인 제국이 될 것을 권했어요.

"러시아와 일본 모두 황제, 천황이라고 합니다. 우리 조선도 황제의 나라가 되어 다른 나라들과 어깨를 나란히 해야 합니다."

조선이 황제의 나라가 되면 지위가 올라가 일본이나 러시아 등의 강대국들과 같은 위치에 있게 된다고 생각한 것이지요.

1897년 10월, 고종은 환구단에서 황제 즉위식을 올리고 나라 이름을 조선에서 '대한 제국'으로 바꾼다고 선포했어요. 이는 대한 제국이 황제가 다스리는 자주독립 국가라는 것을 세계에 알리는 것이었어요. 백성들은 태극기를 흔들며 고종의 황제 즉위를 환호했어요. 연호는 새롭게 광무로 정했어요.

대한 제국은 근대 국가로 나아가기 위해 광무개혁을 실시했어요. 옛것을 근본으로 새로운 것을 받아들인다는 구본신참의 원칙 아래 근대화를 해 나갔어요. 근대식 훈련을 받은 군인을 길러 내기 위해 무관 학교를 세우고, 근대식 학교도 세워 인재를 길러 냈어요. 상업과 공업을 발달시키기 위해서 공장과 회사도 세웠어요. 방직 공장, 유리 공장, 제지 공장 등을 세우고 한성 은행, 대한 은행 등도 세웠어요. 전차와 전화 같은 시설도 갖추었어요.

하지만 광무개혁을 펼치는 데는 많은 돈이 필요했어요. 대한 제국은 필요한 돈을 다른 나라에서 빌렸어요. 그래서 다른 나라의 간섭을 피하기가 더 어려워졌어요.

환구단

환구단 황제가 하늘에 제사를 지내려고 둥글게 쌓은 단.
선포 세상에 널리 알림.
연호 왕이 즉위한 해에 붙이던 이름.

1 신하들이 고종에게 황제의 나라가 될 것을 권한 이유를 고르세요. (　　　　　)

① 다른 나라를 침략하려고 했어요.

② 나라의 지위를 올려 강대국들과 같은 위치에 있으려고 했어요.

③ 다른 나라들과 친하게 지내려고 했어요.

④ 고종에게 멋진 황제복을 입히려고 했어요.

2 1897년, 고종이 새로 정한 나라 이름과 연호를 각각 쓰세요.

● 나라 이름 ☐ ☐ ☐ ☐ 　　● 연호 ☐ ☐

3 나라 이름을 대한 제국으로 선포한 의미를 써 보세요. ⋯

____

____

4 광무개혁의 구본신참 원칙은 어떤 의미인지 써 보세요. ⋯

____

5 광무개혁으로 실시한 정책이 <u>아닌</u> 것을 고르세요. (　　　　　)

① 무관 학교를 세워 근대식 훈련을 받은 군인을 길러 냈어요.

② 상업과 공업을 발달시키기 위해 공장과 회사를 세웠어요.

③ 인재를 기르기 위해 서당을 늘렸어요.

④ 전차와 전화 같은 시설을 갖추었어요.

고종은 1897년에 나라 이름을 대한 제국으로 바꾸고, 근대 국가로 나아가기 위해 광무개혁을 실시했어요.

새로운 문물은 어떤 변화를 가져왔을까?

　근대 문물을 받아들인 대한 제국 사람들의 생활 모습은 예전과 조금씩 달라졌어요.

　1887년, 경복궁 건천궁에 전기가 처음 들어온 뒤, 1898년에 한성 전기 회사가 전등 사업을 시작하면서 사람들이 다니는 거리에도 가로등이 설치되었어요. 환하게 가로등이 켜지자 밤 시간을 이용하는 사람이 하나둘 늘었어요.

　1899년에는 전차가 처음 다니기 시작했어요. 전차는 서울의 서대문에서 청량리를 오갔어요. 전차를 처음 본 사람들은 사람이나 말의 힘을 빌리지 않고 스스로 움직이는 전차를 두려워했어요. 게다가 전차가 개통된 지 일주일 만에 탑골 공원 앞에서 다섯 살짜리 아이가 전차에 치어 목숨을 잃는 사고가 발생했지요. 성난 사람들은 전차를 불태우기도 했어요. 하지만 시간이 지나고 전차가 위험하지 않다는 것을 깨달은 사람들은 전차를 구경하거나 타 보기 위해 전국 각지에서 몰려들었어요.

　1896년, 경운궁에서 전화가 처음 개통된 뒤, 1902년에 서울과 인천 사이에 일반 사람들도 사용할 수 있는 공중전화가 개통되었어요. 수화기를 들고 전화기 옆의 손잡이를 돌리면 교환원이 전화를 받아 원하는 곳으로 연결해 주는 방식이었어요. 처음에 사람들은 전화를 매우 낯설어했어요. 하지만 차츰 전화로 다른 사람과 소식을 빠르게 주고받을 수 있게 되어 매우 편리하게 여겼어요.

　철도도 놓여 기차로 많은 사람과 물자를 먼 곳까지 빠르게 실어 날랐어요. 하지만 사람들에게 편리함을 준 철도는 훗날 일본이 우리나라의 쌀과 자원을 빼앗는 데 이용되었어요.

건천궁 경복궁 안에 고종이 지은 궁궐로, 주로 외교 사절을 맞이하는 장소로 사용됨.
개통 길, 다리, 철로, 전화, 전신 따위를 완성하거나 이어 통하게 함.

1 글을 읽으면서 빈칸에 들어갈 알맞은 말을 쓰세요.

- 1887년, 경복궁 건천궁에 ◻ 가 처음 들어왔어요.

- 1896년, 경운궁에서 ◻ 가 처음 개통되었어요.

2 전기가 들어오고 조선이 어떻게 달라졌는지 빈칸과 밑줄에 알맞은 말을 쓰세요.

거리에 ◻ 이 설치되자 ＿＿＿＿＿＿＿＿＿＿＿＿ 늘어났어요.

3 다음 근대 문물의 이름을 쓰고, 설명으로 옳지 <u>않은</u> 것을 고르세요. (　　　)

① 1899년에 처음 다니기 시작했어요.

② 서울의 서대문에서 청량리를 오갔어요.

③ 전국 각지에서 많은 사람이 타 보기 위해 몰려들었어요.

④ 사고가 자주 나서 금세 사라졌어요.

(　　　)

4 대한 제국 때 전화는 어떤 방식으로 연결되었는지 써 보세요. ⋯ 수행 평가 대비

＿＿＿＿＿＿＿＿＿＿＿＿＿＿＿＿＿＿＿＿＿＿＿＿＿＿＿＿＿＿

＿＿＿＿＿＿＿＿＿＿＿＿＿＿＿＿＿＿＿＿＿＿＿＿＿＿＿＿＿＿

5 일본이 우리나라의 쌀과 자원을 빼앗는 데 이용한 것을 고르세요. (　　　)

① 전기　　　　② 전화　　　　③ 철도　　　　④ 가로등

역사 포인트　전기가 들어오고, 전차와 전화가 개통되고, 기차가 놓이면서 대한 제국 사람들의 삶의 모습이 달라졌어요.

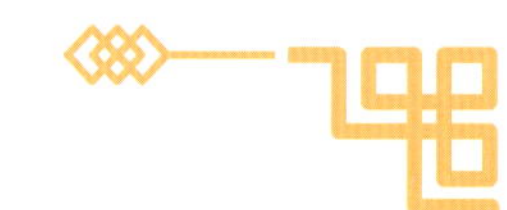

외교권을 빼앗긴 을사늑약

　일본은 러시아를 눈엣가시처럼 여겼어요. 일본이 대한 제국을 독차지하려는데 러시아가 끼어들었다고 생각했기 때문이지요. 1904년, 일본과 러시아는 만주 지역과 한반도를 서로 지배하려고 전쟁을 벌였어요. 그 결과 일본이 승리했고, 다른 나라들은 일본이 대한 제국을 지배하는 것을 인정했어요. 이후 일본은 본격적으로 대한 제국을 침략하기 시작했어요.

　1905년 11월 15일, 일본의 특사 이토 히로부미가 고종 황제를 찾아와 조약에 서명하라고 강요했어요.

　"대한 제국은 힘이 약하니 일본의 보호를 받아야 합니다. 대한 제국의 외교권을 당장 일본에 넘기시죠."

　"무슨 소리입니까? 대한 제국은 독립된 나라요. 도저히 받아들일 수 없소."

　대한 제국의 자주권을 잃고 싶지 않았던 고종 황제는 끝까지 서명하지 않았어요.

　이토 히로부미는 11월 17일, 경운궁 중명전에서 대한 제국의 대신 여덟 명과 회의를 열었어요. 밖에서는 일본 군사들이 지키고 있었지요. 그들 중 한규설, 민영기, 이하영 세 명은 조약에 반대했고, 나머지 다섯 명 이완용, 이근택, 이지용, 박제순, 권중현은 찬성했어요. 그러자 이토 히로부미는 반이 넘는 대신들이 찬성했다며 마음대로 조약에 도장을 찍은 뒤, 조약 체결을 선언했어요. 이 조약이 바로 '을사늑약'이에요.

　을사늑약으로 대한 제국은 일본에 외교권을 빼앗겼어요. 일본의 허가 없이는 다른 나라와 어떤 조약이나 약속을 맺을 수 없게 된 것이지요.

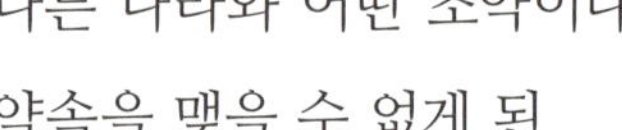

이토 히로부미 을사늑약을 강제로 맺게 하고, 통감부의 제1대 통감이 됨.
체결 계약이나 조약 따위를 공식적으로 맺음.
늑약 나라 사이에 강제로 맺은 조약.

1 1905년, 일본이 대한 제국의 외교권을 빼앗기 위해 강제로 체결한 조약은 무엇인지 쓰세요.

2 을사늑약에 찬성한 대한 제국 대신 다섯 명의 이름을 쓰고, 글을 읽으세요.

(   ), (   ), (   ), (   ), (   )

> 이들을 나라를 팔아먹은 다섯 도둑이란 뜻으로 을사오적이라고 불러요.

3 을사늑약을 반대한 세 명의 이름을 쓰세요.

4 을사늑약에 대한 설명으로 옳은 것을 고르세요. (   )

① 대한 제국이 독립된 나라가 되기 위해 필요한 조약이에요.

② 외국과 맺은 최초의 근대적 조약이에요.

③ 고종 황제도 없이 대한 제국의 대신들이 일본과 강제로 맺은 조약이에요.

④ 대한 제국의 외교권을 보호해 주는 조약이에요.

5 을사늑약으로 외교권을 빼앗긴 대한 제국은 어떻게 되었는지 써 보세요. 

역사 포인트   1905년, 대한 제국은 을사늑약을 강제로 맺어 일본에게 외교권을 빼앗겼어요.

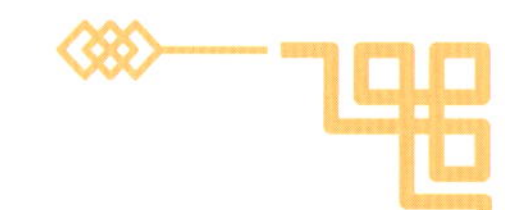

우리 땅, 독도를 빼앗은 일본

독도와 울릉도는 삼국 시대부터 우리나라 땅이었어요. 조선 시대에는 백성을 보내 울릉도에서 살게 했고, 관리도 보냈어요.

그런데 개항한 뒤 일본 어부들이 **불법**으로 넘어와 나무도 잘라 가고, 물고기도 잡아 갔어요.

대한 제국은 1900년에 **칙령** 제41호를 발표했어요. 울릉도를 울도군으로 높이고, 울도군 군수가 주변 섬인 독도도 함께 관리한다는 내용이었지요. 울릉도와 독도를 더욱 체계적으로 관리하고 우리 땅이라는 것을 확실하게 밝히기 위한 것이었어요.

1904년, 러일 전쟁이 일어나자 일본은 허락도 없이 독도에 **망루**를 설치하고 러시아 함대를 감시했어요. 그러더니 1905년에는 독도가 주인 없는 섬이라고 억지 주장을 하며 은근슬쩍 일본 땅에 집어넣었어요. 시마네현 고시 제40호를 통해 다케시마라고 부르며 시마네현에 포함된다고 우긴 것이에요.

이런 행동은 명백히 우리 땅을 강제로 빼앗은 것이고, 국제법상 잘못된 일이었어요. 뒤늦게 이 사실을 알게 된 대한 제국은 일본에 항의했지만, 소용없었어요. 을사늑약으로 우리의 외교권을 빼앗긴 상태였기 때문이지요.

우리 땅 독도

불법 법에 어긋남.
칙령 황제가 직접 정한 명령.
망루 적과 주위의 동태를 살피기 위해 높게 지은 시설.

1 독도와 울릉도는 언제부터 우리나라 땅이었는지 찾아 ◯ 하세요.

| 삼국 시대 | 고려 시대 | 조선 시대 | 대한 제국 시대 |

2 칙령 제41호의 내용과 대한 제국이 칙령을 발표한 이유는 무엇인지 써 보세요. 

내용:

이유:

3 일본이 독도를 차지하기 위해 한 일을 모두 고르세요. (　　,　　,　　)

① 일본 어부들이 독도에서 물고기를 잡지 못하게 법을 만들었어요.
② 러일 전쟁 때 독도에 마음대로 망루를 설치했어요.
③ 1905년에 독도가 주인 없는 섬이라고 주장했어요.
④ 시마네현 고시 제40호를 통해 독도를 다케시마라고 불렀어요.

4 글을 읽으면서 알맞은 말에 ◯ 하세요.

독도를 시마네현에 포함시킨 일본의 행동은 우리 땅을 강제로 (**빼앗은** / **돌려준**) 것이고,
국제법상 (**알맞은** / **잘못된**) 일이에요.

역사 포인트 대한 제국은 1900년에 칙령 제41호를 발표해 울릉도와 독도가 우리 땅이라는 것을 확실하게 밝혔어요.

고종은 헤이그 특사를 왜 보냈을까?

을사늑약은 매우 부당한 조약이었어요. 일제의 위협과 강요에 의해 이루어졌고, 대한 제국 고종 황제의 서명도 없기 때문이지요.

고종 황제는 을사늑약이 무효라는 것을 국제 사회에 알리려고 노력했어요. 1907년, 네덜란드 헤이그에서 만국 평화 회의가 열린다는 것을 알게 되었어요. 고종 황제는 비밀리에 이상설, 이준, 이위종을 헤이그 특사로 보냈어요.

그들은 고종 황제가 써 준 위임장을 가지고 어렵게 헤이그에 도착했어요. 하지만 일제는 을사늑약으로 외교권이 없다는 이유를 들며 그들이 회의장에 들어갈 수조차 없게 했어요.

이위종은 포기하지 않고 세계 기자들 모임에 참석해 일제의 침략과 대한 제국의 처지를 전했어요. 하지만 서양 강대국들이 이미 일제가 대한 제국을 지배하는 것을 인정하고 있었기 때문에 별 성과를 거두지 못했어요. 특사였던 이준은 분하고 억울해하다가 끝내 그곳에서 숨을 거두었어요.

헤이그 특사 파견을 알게 된 일제는 고종 황제를 협박했어요.

"황제가 앞장서 을사늑약을 어기다니! 당장 황제 자리에서 물러나시오. 그렇지 않으면 대한 제국과 전쟁을 하겠소!"

결국 고종 황제는 순종에게 황제 자리를 넘겨주고 물러났어요. 일제는 여기서 멈추지 않고 대한 제국의 군대까지 강제로 해산시켰어요. 혹시 있을지도 모를 군대의 공격을 없애기 위해서였지요.

헤이그 특사
왼쪽부터 이준, 이상설, 이위종

일제 일본 제국주의를 줄인 말로, 여러 나라를 침략한 일본을 일컫는 말.
만국 평화 회의 총 44개국 대표가 참석해 전쟁에 관한 규칙과 중립을 논의한 국제회의.
파견 일정한 임무를 주어 사람을 보냄.

1 고종 황제가 네덜란드에 헤이그 특사를 보낸 이유를 쓰세요.

____ 을 국제 사회에 알리기 위해

헤이그 특사를 보냈어요.

2 네덜란드에 헤이그 특사로 간 사람을 모두 고르세요. (　　，　　，　　)

① 이준　　　　　② 이완용　　　　　③ 이위종　　　　　④ 이상설

3 헤이그 특사가 한 일로 맞으면 ◯, 틀리면 ✕ 하세요.

① 외교권이 없어서 회의장에 들어가지 못했어요. ----------------------- (　　)
② 세계 기자들 모임에 참석해 대한 제국의 처지를 전했어요. --------------- (　　)
③ 만국 평화 회의에 참석해 대한 제국의 이름을 널리 알렸어요. ------------- (　　)
④ 서양 강대국에게 을사늑약이 정당하다고 알렸어요. ------------------- (　　)

4 헤이그 특사가 큰 성과를 거두지 못한 이유는 무엇인지 써 보세요. 

____

____

5 헤이그 특사의 일을 알게 된 일제가 한 일을 두 가지 써 보세요. ...

____

____

> **역사 포인트**
> 고종 황제는 을사늑약이 무효라는 것을 국제 사회에 알리기 위해 헤이그 특사를
> 보냈지만 성과가 없었어요. 이 일로 일제는 고종 황제를 황제 자리에서 물러나게 했어요.

대한 제국과 함께한 **덕수궁**

덕수궁의 원래 이름은 경운궁으로, 왕이 임시로 사용하던 행궁이었어요. 고종 황제가 머무르면서 궁궐의 모습을 갖추게 되었고, 1907년에 덕수궁으로 이름이 바뀌었어요. 대한 제국의 터전인 덕수궁에는 조선 왕조의 전통 궁궐 건물과 근대화로 새롭게 지은 서양식 건물이 함께 있어요.

석조전
유럽풍 석조 건물로 영국인 하딩이 설계했어요.
1900년부터 짓기 시작해 1910년에 완공했어요.

중명전
원래 이름은 수옥헌으로, 대한 제국의 외교권을 빼앗긴 을사늑약이 체결된 곳이에요.

중화전
1902년에 세워진 건물로,
덕수궁의 정전이에요.

함녕전
고종 황제가 잠을 자며 지내던 곳으로, 이곳에서
세상을 떠났어요.

정관헌
고종 황제가 외교 사절단을 맞이하던 곳이에요.
지붕은 동양식, 차양과 난간은 서양식으로 지었어요.

글자 퍼즐을 풀어라!

가로 열쇠와 세로 열쇠를 보고, 빈칸에 알맞은 글자를 써서 글자 퍼즐을 풀어 보세요.

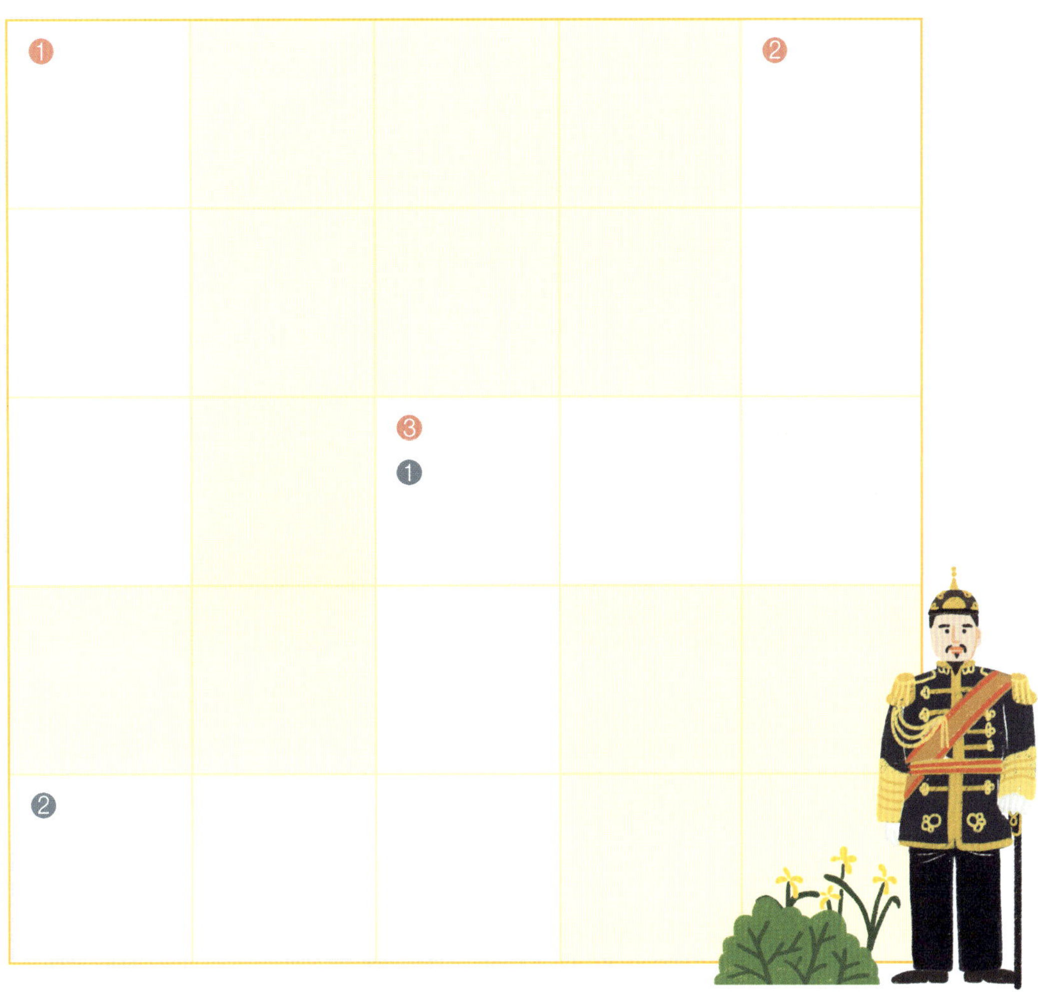

가로 열쇠

❶ 을사늑약이 체결된 곳이에요.

❷ 고종 황제가 잠을 자며 지내던 곳으로, 이곳에서 세상을 떠났어요.

세로 열쇠

❶ 1907년에 경운궁을 이 이름으로 바꾸었어요.

❷ 영국인 하딩이 설계한 유럽풍 석조 건물이에요.

❸ 덕수궁의 정전으로 1902년에 세워졌어요.

괄호에 들어갈 알맞은 말을 보기 에서 찾아 쓰면서 '대한 제국'과 '을사늑약'에 대해 정리해 보세요.

대한 제국

선포
- 대한 제국이 황제가 다스리는 자주독립 국가라는 것을 세계에 알린 것이다.
- ① 고종이 나라 이름을 조선에서 ( )으로 바꾼다고 선포했다.
- 1897년 10월, 고종이 환구단에서 황제 즉위식을 올렸다.

광무개혁 실시
- 무관 학교와 근대식 학교를 세웠다.
- 상업과 공업을 발달시키기 위해 공장과 회사를 세웠다.

근대 문물의 수용
- ② 1899년, ( )가 처음 다니기 시작했다.
- 철도가 놓여 기차로 많은 사람과 물자를 먼 곳까지 빠르게 실어 날랐다.
- 1896년, 경운궁에서 전화가 처음 개통된 뒤, 1902년에 서울과 인천 사이에 공중전화가 개통되었다.

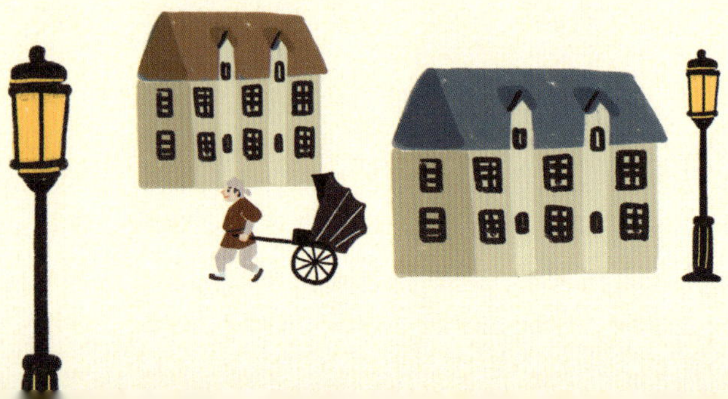

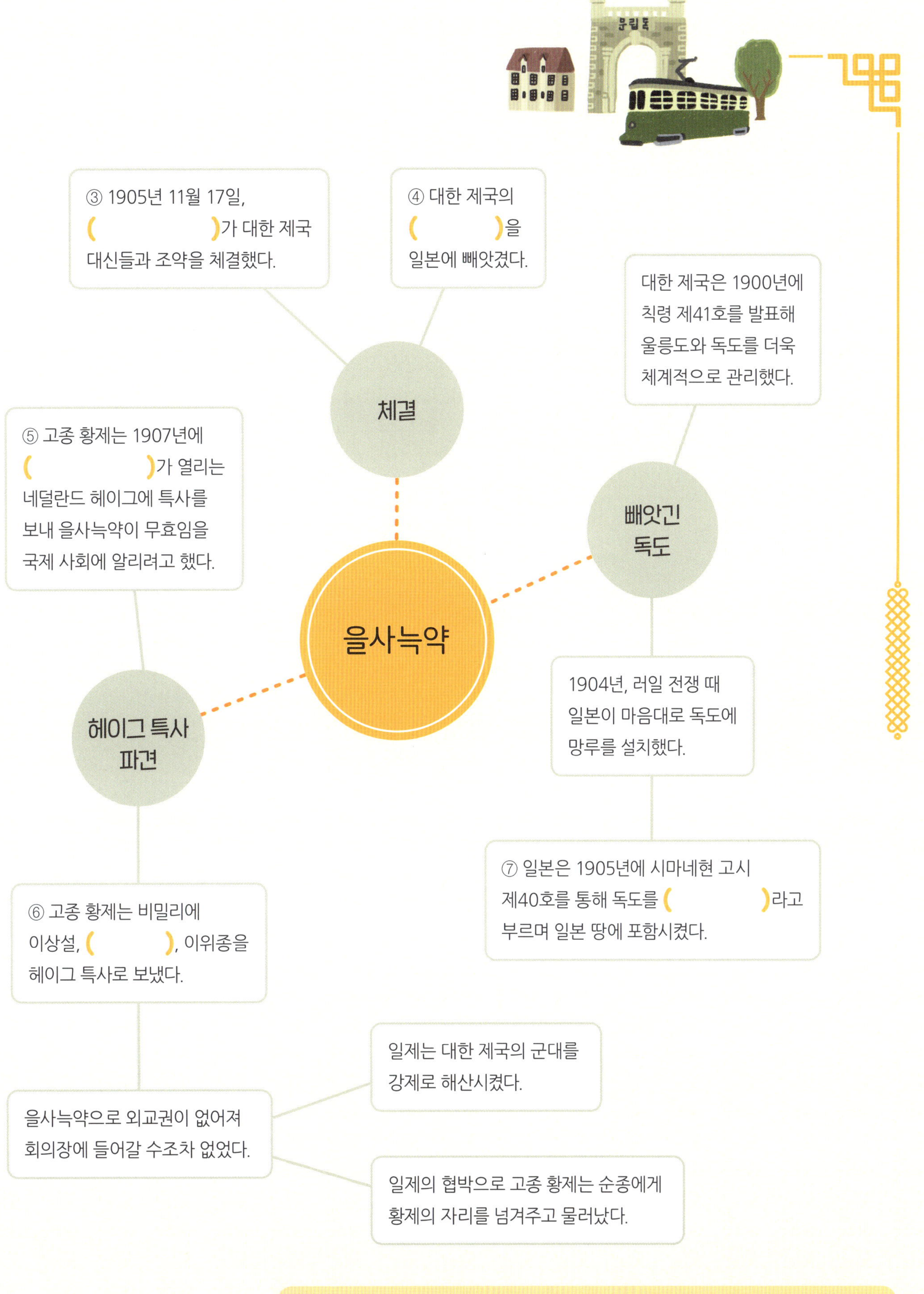

③ 1905년 11월 17일, (   )가 대한 제국 대신들과 조약을 체결했다.

④ 대한 제국의 (   )을 일본에 빼앗겼다.

대한 제국은 1900년에 칙령 제41호를 발표해 울릉도와 독도를 더욱 체계적으로 관리했다.

⑤ 고종 황제는 1907년에 (   )가 열리는 네덜란드 헤이그에 특사를 보내 을사늑약이 무효임을 국제 사회에 알리려고 했다.

체결

빼앗긴 독도

을사늑약

1904년, 러일 전쟁 때 일본이 마음대로 독도에 망루를 설치했다.

헤이그 특사 파견

⑥ 고종 황제는 비밀리에 이상설, (   ), 이위종을 헤이그 특사로 보냈다.

⑦ 일본은 1905년에 시마네현 고시 제40호를 통해 독도를 (   )라고 부르며 일본 땅에 포함시켰다.

일제는 대한 제국의 군대를 강제로 해산시켰다.

을사늑약으로 외교권이 없어져 회의장에 들어갈 수조차 없었다.

일제의 협박으로 고종 황제는 순종에게 황제의 자리를 넘겨주고 물러났다.

보기   만국 평화 회의   대한 제국   이토 히로부미   이준   외교권   전차   다케시마

나라를 지키기 위한 노력

1907년

신민회 조직
애국 계몽 운동 단체인 신민회가 만들어졌어요.

국채 보상 운동
일본에 진 빚을 갚기 위해 전국에서 모금 운동이
일어났어요.

1908년

의병, 서울 진공 작전
전국의 의병들이 서울로 모여들었어요.

1909년

안중근, 이토 히로부미 처단
안중근이 하얼빈역에서 이토 히로부미를 향해 총을
쏘았어요.

6 일어나라! 전국의 의병들이여!

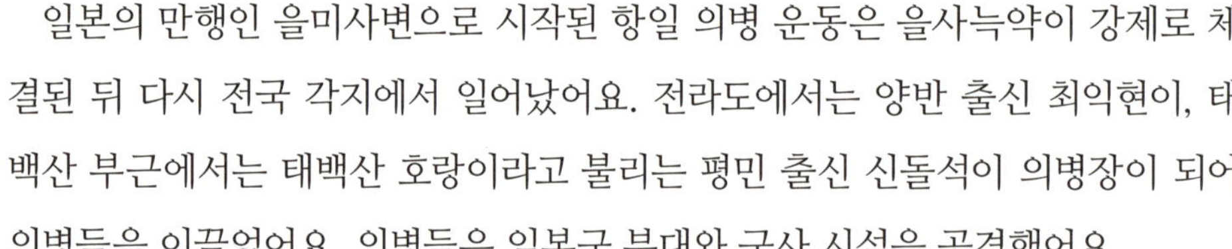

일본의 만행인 을미사변으로 시작된 항일 의병 운동은 을사늑약이 강제로 체결된 뒤 다시 전국 각지에서 일어났어요. 전라도에서는 양반 출신 최익현이, 태백산 부근에서는 태백산 호랑이라고 불리는 평민 출신 신돌석이 의병장이 되어 의병들을 이끌었어요. 의병들은 일본군 부대와 군사 시설을 공격했어요.

항일 의병 운동은 일제가 고종 황제를 강제로 퇴위시키고, 대한 제국의 군대를 해산시키자 더욱 거세게 일어났어요. 분노한 대한 제국의 군인들은 무기를 들고 앞다투어 항일 의병 운동에 뛰어들었어요. 그들은 신식 총과 탄약을 다루었고, 훈련을 받아 본 적 없는 의병들에게 전술을 가르쳤어요. 그 덕분에 전투력이 향상되어 항일 의병 운동이 일본에 맞서 싸우는 항일 의병 전쟁으로 발전하게 되었어요.

전국에서 항일 의병 전쟁이 일어나자 각 지역에서 활동하던 의병들은 흩어진 의병들을 한데 모아 힘을 합치기로 했어요.

"이럴 게 아니라 우리 모두 힘을 합쳐 서울로 갑시다. 그곳에서 일본군과 싸웁시다!"

1908년, 전국의 의병 1만여 명이 경기도 양주에 모여 서울을 향해 출발했어요. 흥인지문 앞까지 왔을 때였어요. 이 소식을 듣고 미리 와 있던 일본군이 무섭게 공격했어요. 결국 이 작전은 실패로 돌아가고 말았어요.

이후 일제는 대대적인 의병 토벌 작전에 나섰어요. 수많은 의병장과 의병이 일제에 붙잡혀 목숨을 잃었어요. 살아남은 의병들은 일제의 탄압을 피해 나라 밖의 만주나 연해주로 옮겨 가 투쟁을 이어 갔어요. 그리고 그 뒤 이들은 독립군이 되었어요.

양반, 군인, 농민, 상인, 승려, 포수 등 다양한 계층의 의병들

퇴위 황제의 자리에서 물러남.
토벌 무력으로 쳐서 모두 없앰.
투쟁 어떤 대상을 이기거나 극복하기 위한 싸움.

1 글을 읽고, 설명하는 사람이 누구인지 쓰세요.

- 양반 출신 의병장으로 전라도에서 활동했어요.

- 태백산 호랑이라고 불리는 평민 출신 의병장이에요.

2 항일 의병 운동에 영향을 준 사건이 <u>아닌</u> 것을 모두 고르세요. (,   )

① 러일 전쟁   ② 을사늑약   ③ 갑신정변   ④ 을미사변

3 항일 의병 운동이 항일 의병 전쟁으로 발전하게 된 원인을 써 보세요. 

4 항일 의병에 대한 설명으로 옳지 <u>않은</u> 것을 고르세요. (   )

① 의병들은 훈련을 받아 본 적이 없어 일본군을 공격하지 못했어요.
② 1908년, 서울에서 싸우기 위해 전국의 의병이 모였지만, 실패했어요.
③ 의병들은 흥인지문 앞에서 일본군의 공격을 받았어요.
④ 의병들은 나라 밖의 만주나 연해주로 옮겨 가 투쟁을 이어 갔어요.

5 1908년, 의병의 작전이 실패한 뒤 일본이 한 일을 써 보세요. ....

역사 포인트 을사늑약 이후 전국에서 일어난 항일 의병 운동은 고종 황제의 퇴위와 대한 제국 군대의 해산으로 더욱 거세게 일어났어요.

7 민족의 실력을 키우자, 애국 계몽 운동과 신민회

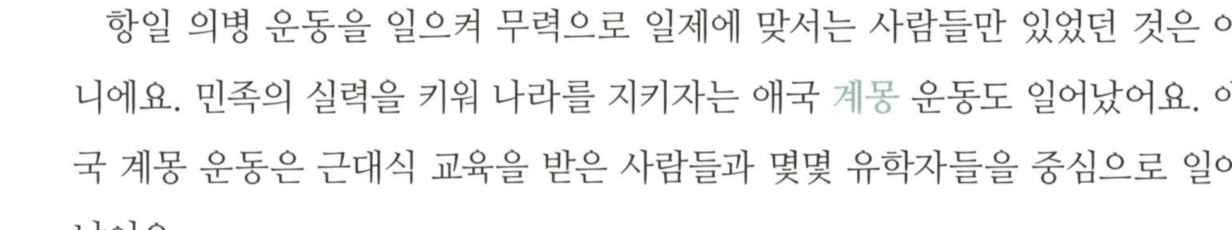

항일 의병 운동을 일으켜 무력으로 일제에 맞서는 사람들만 있었던 것은 아니에요. 민족의 실력을 키워 나라를 지키자는 애국 계몽 운동도 일어났어요. 애국 계몽 운동은 근대식 교육을 받은 사람들과 몇몇 유학자들을 중심으로 일어났어요.

"배워야 힘이 생깁니다. 교육과 언론으로 사람들을 깨우쳐 애국심을 키우고, 산업을 발전시켜 잘사는 나라를 만들어야 나라를 지킬 수 있습니다."

이들의 주장에 점점 많은 사람이 애국 계몽 운동에 참여했어요. 일제는 애국 계몽 운동 단체를 강제로 해산시키거나 문을 닫게 하는 등 심하게 탄압했어요.

1907년, 애국 계몽 운동가 안창호, 신채호, 양기탁 등은 일제의 감시를 피해 비밀리에 신민회를 만들었어요. 신민회는 교육을 중요하게 생각해 평양에 대성 학교, 정주에 오산 학교 등을 세웠어요. 이곳에서는 우리글과 우리 역사를 가르치며 민족을 이끌어 갈 지도자들을 길러 냈어요.

더 많은 사람에게 좋은 책을 보급하기 위해 서점과 출판을 겸하는 태극 서관이라는 회사를 세우고, 자금을 벌기 위해 자기를 만드는 평양 자기 제조 주식회사도 세웠어요.

신민회는 시간이 지나면서 교육과 언론 중심의 애국 계몽 운동만으로는 나라를 지킬 수 없다고 생각하게 되었어요. 일제와 싸울 독립군을 키우기로 결정했지요. 그래서 나라 밖 만주에 독립군 기지를 만들고 독립군을 기르는 데 힘을 쏟았어요.

역사
용어

계몽 사람들을 가르쳐서 깨우침.
오산 학교 1907년, 사업가였던 이승훈이 평안북도 정주에 세운 중등 과정의 학교.

1 애국 계몽 운동가들이 주장한 것은 무엇인지 써 보세요. 

----

2 일제의 감시를 피해 비밀리에 만든 애국 계몽 운동 단체의 이름을 쓰세요.

3 애국 계몽 단체를 만든 세 사람의 이름을 쓰세요.

4 글을 읽으면서 빈칸에 들어갈 알맞은 지역을 보기 에서 찾아 쓰세요.

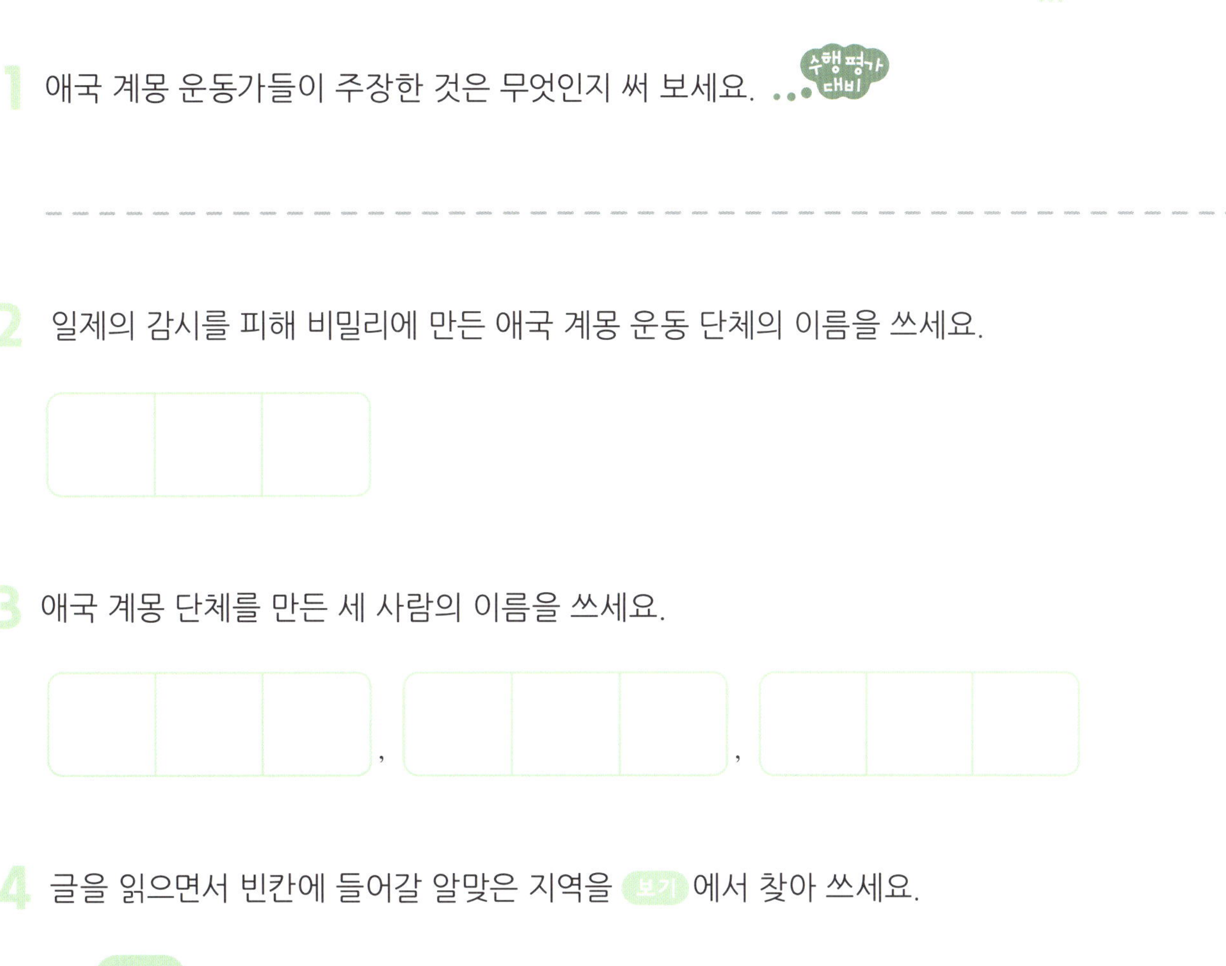

5 신민회가 한 일이 <u>아닌</u> 것을 고르세요. (   )

① 학교를 세워 민족을 이끌어 갈 지도자를 길러 냈어요.

② 평양 자기 제조 주식회사를 세워 필요한 자금을 벌었어요.

③ 독립군 기지를 만들고, 독립군을 길러 냈어요.

④ 사람들을 깨우치기 위해 『독립신문』을 발행했어요.

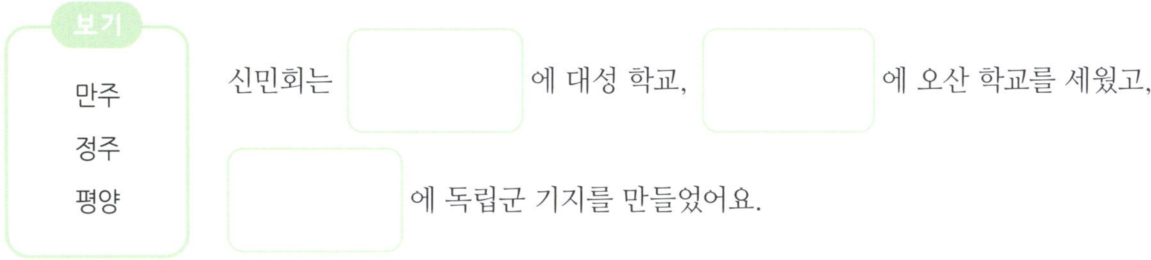

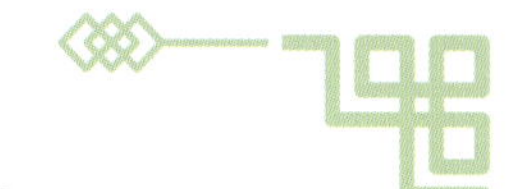

8 나라 빚을 갚기 위해 어떤 일들을 했을까?

대한 제국은 도로와 철도, 은행, 병원, 학교 등 여러 근대 시설을 지으면서 일제에게 많은 돈을 빌렸어요. 일제는 대한 제국에게 빚을 지게 해 꼼짝 못 하게 하려는 속셈이었지요. 1907년이 되자 해마다 갚아야 할 이자가 늘어 일제에 진 빚이 어마어마하게 불어났어요.

대구에 사는 서상돈과 김광제는 사람들에게 제안했어요.

"여러분, 우리가 나라를 구해 봅시다. 2천만 동포가 담배를 석 달만 끊고, 그 돈을 모아 빚을 갚는다면 우리가 나라를 구할 수 있습니다."

국민의 힘으로 일제에 진 빚을 갚아 나라의 권리를 되찾자는 '국채 보상 운동'이 일어난 것이지요.

대구에서 처음 시작된 이 운동은 『대한매일신보』, 『황성신문』 등 여러 신문에 실리면서 전국으로 퍼져 나갔어요.

국민들은 술과 담배를 끊어 모은 돈을 성금으로 내놓았어요. 또 반찬값을 아끼거나, 반지를 팔아 성금으로 내기도 했지요. 멀리 일본의 유학생들도 돈을 모아 보내왔어요. 4개월 만에 무려 4만 명이 넘는 국민이 참여해 230여 만 원의 돈이 모였어요.

당황한 일제는 모금한 돈을 관리하던 양기탁을 잡아들이는 등 모금을 방해했어요. 결국 국채 보상 운동은 그 뜻을 이루지 못하고 끝이 났어요. 하지만 얼마나 많은 국민이 나라의 권리를 되찾고 싶어 하는지 보여 주었지요.

국채 나라의 빚.
『대한매일신보』 양기탁이 영국인 베델과 함께 1904년에 창간한 신문. 일제를 비판하고 민족 운동을 소개함.
『황성신문』 1898년에 창간된 일간 신문. 을사늑약이 체결되자 「시일야방성대곡」이라는 논설을 실었음.

1 대한 제국이 일제에 빚을 지게 된 이유를 고르세요. (   )

① 근대 시설을 지으면서 필요한 돈을 빌렸어요.

② 원래부터 갚지 못한 돈이 있었어요.

③ 무역을 하면서 돈을 갚지 못했어요.

④ 철도를 놓았던 일본 기술자들의 임금을 주지 못했어요.

2 국채 보상 운동이 무엇인지 설명하는 글을 써 보세요. …수행평가 대비

3 글을 읽으면서 빈칸에 들어갈 알맞은 말을 쓰세요.

1907년, [   ] 에서 처음으로 국채 보상 운동이 시작되었어요.

4 국채 보상 운동에 대한 설명으로 옳지 <u>않은</u> 것을 고르세요. (   )

① 일제에 진 빚을 모두 갚고 나라의 권리를 되찾았어요.

②『대한매일신보』,『황성신문』 등 여러 신문에 실리면서 전국으로 퍼져 나갔어요.

③ 국민들이 술과 담배를 끊어 모은 돈을 성금으로 내놓았어요.

④ 일제는 모금한 돈을 관리하던 양기탁을 잡아들이며 모금을 방해했어요.

5 국채 보상 운동으로 알 수 있었던 국민들의 마음은 무엇인지 써 보세요. …수행평가 대비

역사 포인트

1907년, 대구에서 국민의 힘으로 일제에 진 빚을 갚아 나라의 권리를 되찾자는 국채 보상 운동이 일어났어요.

하얼빈역에 울려 퍼진 총소리

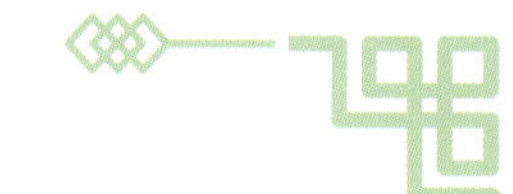

애국 계몽 운동에 앞장섰던 안중근은 1907년부터 연해주 부근에서 항일 의병 활동을 해 왔어요. 그러던 중 이토 히로부미가 만주 하얼빈역에 온다는 소식을 듣게 되었어요. 안중근은 을사늑약 체결을 강요하고, 우리나라를 침략하는 데 앞장선 이토 히로부미를 처단하기로 결심했어요.

1909년 10월 26일, 안중근은 가슴에 권총을 품고 하얼빈역으로 갔어요. 하얼빈역에는 이토 히로부미를 환영하기 위해 나온 일본 사람들이 가득했어요. 이토 히로부미가 탄 기차가 역으로 들어왔어요. 이토 히로부미가 기차에서 내려 발걸음을 옮기는 순간이었어요.

"탕, 탕, 탕!"

세 발의 총성이 울렸어요. 바로 안중근이 이토 히로부미를 향해 총을 쏜 것이었지요. 이토 히로부미는 가슴과 배에 총알을 맞고 앞으로 고꾸라졌어요.

"코레아 우라(대한 독립 만세)! 코레아 우라(대한 독립 만세)!"

안중근은 소리 높여 외치다 그 자리에서 곧바로 체포되었어요. 그 뒤 안중근은 일본 법정에서 재판을 받았어요.

"나는 두렵지 않다. 조선의 독립을 위해, 동양의 평화를 지키기 위해 민족 최대의 적인 이토 히로부미를 없앤 것이다!"

안중근은 일본인 재판관 앞에서 당당하게 말했어요. 안중근은 사형 선고를 받고, 1910년 3월 26일 뤼순 감옥에서 숨을 거두었어요.

안중근은 전 세계에 우리 민족의 굳건한 독립 의지를 보여 주었어요.

연해주 러시아의 땅으로, 두만강을 사이에 두고 우리나라와 국경을 이루고 있음.
하얼빈 원래는 중국의 땅이었지만 러시아가 철도를 놓아 러시아의 영향권에 있었던 도시.
처단 결단을 내려 처치함.

1 안중근이 이토 히로부미를 처단하기로 결심한 이유를 써 보세요. ···

2 글을 읽으면서 빈칸에 들어갈 알맞은 말을 쓰세요.

1909년 10월 26일, ____________은 만주 ____________역에서

____________를 총으로 쏘아 처단했어요.

3 안중근에 관한 글을 읽으면서 알맞은 말에 ○ 하세요.

- 안중근은 (**연해주** / **만주**) 부근에서 항일 의병 활동을 해 왔어요.
- 안중근은 (**하얼빈** / **뤼순**) 감옥에서 숨을 거두었어요.

4 안중근이 이토 히로부미를 처단한 일의 의미로 옳은 것을 고르세요. (   )

① 의병 활동을 더욱 활발하게 펼치도록 했어요.
② 일본인에게 우리 민족이 총을 얼마나 잘 쏘는지 알렸어요.
③ 전 세계에 우리 민족의 독립 의지를 보여 주었어요.
④ 기차역에서 내릴 때 일본인이 주의를 살피도록 만들었어요.

5 안중근이 법정에서 한 말을 따라 쓰세요.

조선의 독립을 위해, 동양의 평화를 지키기 위해
민족 최대의 적인 이토 히로부미를 없앤 것이다!

역사 포인트

안중근이 하얼빈역에서 이토 히로부미를
총으로 쏘아 처단했어요.

새로운 학문을 배우는 **근대식 학교**

우리나라 최초의 근대식 학교는 1883년, 원산에 세워진 원산 학사예요.
그 뒤 선교사에 의해 남학교인 배재 학당과 여학교인 이화 학당 등이 세워졌어요.
대한 제국은 교육을 중요하게 여겨 근대식 학교를 세우는 데 힘썼어요.
애국 계몽 운동 단체들도 민족의식을 갖춘 인재를 기르기 위해 사립 학교를 세웠어요.

배재 학당 동관

배재 학당

1885년, 미국인 선교사 아펜젤러가 세운
남학교예요. 고종 황제가 '인재를 배양하라.'라는
뜻으로 학교 이름을 배재 학당이라 지어 주었다고
해요. 학교에서는 영어, 지리, 역사, 음악, 미술,
체육 등을 가르쳤어요. 이승만, 주시경 등 많은 청년
지도자를 길러 냈어요.

이화 학당

1886년, 미국인 선교사 스크랜턴이 세운
우리나라 최초의 여학교예요.
한 명의 학생으로 시작해 점차 체계를 갖추어
가며 중등과, 고등과까지 세웠어요. 많은 여성
지도자를 길러 냈어요.

수학 문제를 풀고 있는 여학생들

대성 학교 학생들

대성 학교

1908년에 독립운동가 안창호가 평양에 세운
학교로, 애국심과 민족의식을 강조했어요. 1912년,
일제에 의해 강제로 문을 닫았어요.

초성 퀴즈를 풀어라!

글을 읽고, 어떤 학교인지 초성을 참고해 알맞은 답을 쓰세요.

1883년, 원산에 세워진 우리나라 최초의
근대식 학교는?

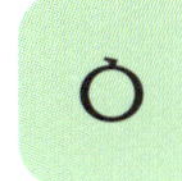  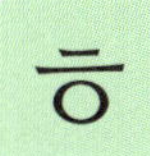 

1886년에 세워진 우리나라 최초의
여학교는?

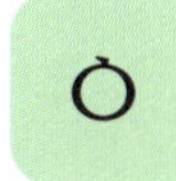  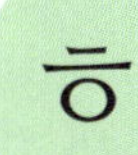 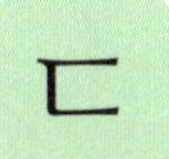

독립운동가 안창호가 평양에 세운
민족 학교는?

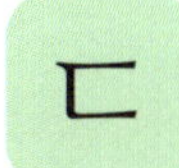   

미국인 선교사 아펜젤러가 세운
남학교는?

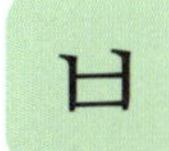   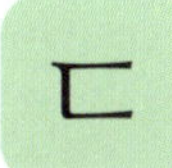

괄호에 들어갈 알맞은 말을 보기 에서 찾아 쓰면서 '나라를 지키기 위한 노력'에 대해 정리해 보세요.

일제가 해산시킨 대한 제국의 군인들이 항일 의병 운동에 뛰어들었다.

① 전라도에서는 양반 출신 (   )이, 태백산 부근에서는 평민 출신 (   )이 의병장이 되어 의병들을 이끌었다.

1908년, 전국의 의병들이 함께 힘을 모아 서울에서 일본군과 싸우려고 했지만 실패했다.

항일 의병 운동

② 의병들은 일제의 탄압을 피해 만주나 연해주로 옮겨 가 투쟁을 이어 갔고, 그 뒤 이들은 (   )이 되었다.

나라를 지키기 위한 노력

③ 1907년에 (   ), 신채호, 양기탁 등이 중심이 되어 비밀리에 만들었다.

신민회

교육을 중요하게 생각해 평양에 대성 학교, 정주에 오산 학교 등을 세웠다.

나라 밖 만주에 독립군 기지를 만들고 독립군을 길러 냈다.

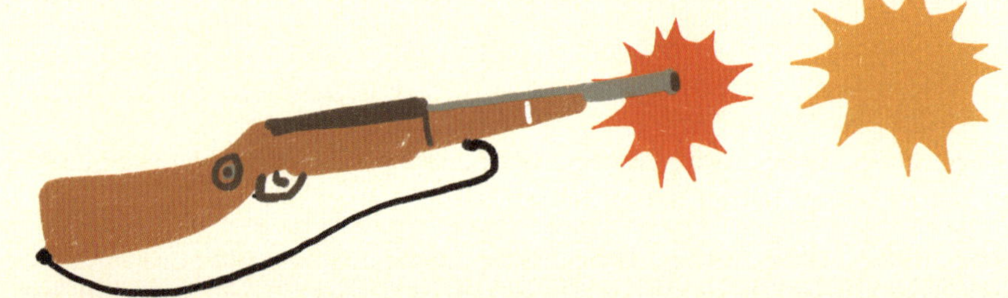

안중근은 전 세계에 우리 민족의
독립 의지를 보여 주었다.

안중근

⑥ 1909년 10월 26일, 만주
(　　　　　)에서 이토 히로부미를
총으로 쏘아 처단했다.

④ 국민의 힘으로 일제에 진
(　　　　)을 갚아 나라의
권리를 되찾자는 운동이다.

애국 계몽
운동

⑤ 1907년에 서상돈, 김광제의
제안으로 (　　　　)에서 시작되었다.

국채 보상
운동

교육과 언론으로 사람들을 깨우쳐
애국심을 키우고, 산업을 발전시켜
잘사는 나라를 만들어야 나라를
지킬 수 있다고 주장했다.

국민들은 술과 담배를 끊어 모은
돈, 반찬값을 아낀 돈, 반지를 팔아
마련한 돈 등을 성금으로 냈다.

일제의 방해로 뜻을
이루지 못했다.

보기　최익현　독립군　빚　신돌석　안창호　하얼빈역　대구

일본의 무단 통치와 독립운동

1910년

국권 피탈
한일 병합 조약으로 대한 제국의 모든 국권을 일본에 빼앗겼어요.

조선 총독부 설치
일본이 대한 제국을 지배하기 위해 식민 통치 기구를 설치했어요.

1912년

조선 태형령 시행
일본이 우리나라 사람에게만 재판 없이 태형을 가할 수 있는 법을 만들었어요.

토지 조사 사업 발표
조선의 땅을 뺏기 위해 토지 조사 사업을 실시했어요.

1919년

2·8 독립 선언서 발표
도쿄에서 우리나라 유학생들이 독립 선언서를 발표했어요.

3·1 운동
독립 선언서를 낭독하고, 만세 시위를 벌였어요.

일제의 통치를 받게 된 대한 제국

일제는 을사늑약으로 대한 제국의 외교권을 빼앗은 뒤, 1906년에 통감부를 설치했어요. 통감부를 통해 대한 제국의 정치, 경제, 군사 등 모든 것을 간섭하며 대한 제국을 일제의 식민지로 만들기 위한 준비를 해 나갔어요.

1909년 12월, 일제는 대한 제국을 식민지로 만들 마지막 준비를 했어요. 친일 단체인 일진회에게 '대한 제국과 일본이 하나로 합쳐진다면 두 나라가 같이 번영할 것'이라는 내용의 청원서를 발표하도록 한 것이에요. 일제가 대한 제국을 강제로 빼앗은 것이 아니라 대한 제국이 원해서 합쳐진 것처럼 꾸미기 위해서였지요.

1910년 5월, 새 통감 데라우치가 2,000여 명의 헌병과 함께 대한 제국에 왔어요. 헌병들은 궁궐과 친일파 대신들의 집을 지키고, 도심을 순찰하며 일제에 반감을 가진 사람들을 감시했어요.

1910년 8월 22일, 대한 제국의 총리 대신 이완용이 데라우치 통감과 '한일 병합 조약'을 맺었어요. 순종 황제는 계속 거부했지만 아무런 힘이 없었어요. 1910년 8월 29일, 한일 병합 조약이 공식적으로 선포되었어요. 일제가 대한 제국의 모든 국권을 강제로 빼앗은 것이에요. 경복궁 근정전에는 대한 제국이 일제의 식민지가 되었다는 것을 알리듯 일장기가 내걸렸어요.

이 소식을 들은 사람들은 통곡했고, 나라를 잃은 슬픔에 스스로 목숨을 끊은 사람도 있었어요. 우리 민족의 거센 저항에도 불구하고 일제 강점기가 시작되었어요.

통감부 일제가 식민 지배를 위해 세운 기구로, 이후 조선 총독부로 바뀜.
일진회 1904년, 송병준을 비롯한 친일파들이 중심이 되어 만든 단체로 친일에 앞장섬.
식민지 정치적, 경제적으로 다른 나라에 속하게 되어 국가로서의 주권이 없는 나라.

1 대한 제국의 정치, 경제, 군사 등 모든 것을 간섭하기 위해 일제가 설치한 기구를 쓰세요.

2 1909년, 일진회에서 발표한 청원서의 내용은 무엇인지 써 보세요. 

3 한일 병합 조약을 맺는 데 앞장선 사람을 찾아 ○ 하세요.

순종 황제   이완용   이택근   민영기

4 한일 병합 조약으로 대한 제국이 어떻게 되었는지 고르세요. (   )

① 대한 제국의 모든 국권을 일제에 빼앗겼어요.   ② 대한 제국의 외교권만 일제에 빼앗겼어요.

③ 대한 제국의 군대가 일제와 싸웠어요.   ④ 대한 제국이 일제로부터 독립했어요.

5 주어진 말을 이용해 아래 사진을 설명하는 글을 써 보세요.

일장기가 걸린 경복궁 근정전

대한 제국   일제   식민지   경복궁 근정전

1910년 8월 29일, 한일 병합 조약으로 대한 제국의 모든 국권을 일제에 강제로 빼앗겼어요.

무단 통치 시기는 어땠을까?

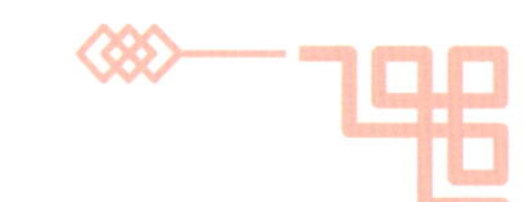

　일제는 한일 병합 조약으로 대한 제국의 국권을 강제로 빼앗은 뒤, 조선 총독부를 설치했어요. 조선 총독부는 일제가 우리나라를 지배하기 위해 설치한 식민 통치의 최고 기구예요.

　조선 총독부는 대한 제국을 조선이라 부르고, 친일파를 앞세워 일본 제국과 조선이 하나가 된 것이 얼마나 좋은 일인지 선전했어요.

　또 우리 민족이 이런 일제의 행동에 저항하는 것을 누르기 위해서 헌병 경찰제를 실시했어요. 헌병은 군대의 경찰인데, 총칼을 차고 다니며 우리나라 사람을 위협했고, 사람들의 말과 행동 등 모든 것을 감시했어요. 헌병은 조금이라도 수상한 점이 보이면 누구든 잡아들였어요. 일제에 저항하는 독립운동가는 물론이고, 굴뚝 청소를 하지 않은 사람, 술에 취해 다니는 사람까지도 마구 잡아들였어요.

　1912년, 조선 총독부는 조선 태형령이라는 법을 만들어 우리나라 사람에게만 재판 없이 태형을 가할 수 있도록 했어요. 태형은 사람을 엎드리게 한 뒤 매로 볼기를 치는 형벌로, 매우 잔인한 형벌이었어요.

　조선 총독부는 일반 관리와 학생을 가르치는 교사에게도 제복을 입히고 칼을 차게 해 사람들이 두려움을 느끼도록 했어요.

　이렇게 총칼로 무장한 일제가 무력으로 우리 민족을 억압하던 시기를 '무단 통치 시기'라고 해요.

조선 총독부 1910년에서 1945년까지 일제가 우리나라를 지배하기 위해 설치한 기구.
친일파 일제 강점기에 일제의 편을 들며 따르는 무리.
무단 권력이나 세력을 이용해 강제로 일을 처리하거나 다른 사람을 억압하는 일.

1 일제가 우리나라에 설치한 식민 통치의 최고 기구는 무엇인지 쓰세요.

2 글을 읽으면서 빈칸에 들어갈 알맞은 말을 쓰세요.

조선 총독부는 대한 제국을 [   ] 이라 부르고, 친일파를 앞세워 일본 제국과 조선이

[   ] 가 된 것이 얼마나 좋은 일인지 선전했어요.

3 헌병 경찰제에 대한 설명으로 옳지 <u>않은</u> 것을 고르세요. (   )

① 헌병이 총칼을 차고 다니며 우리나라 사람을 위협했어요.
② 우리 민족의 저항을 누르기 위해 실시했어요.
③ 헌병이 일제에 저항하는 독립운동가를 잡아들였어요.
④ 헌병이 다른 나라의 침략을 막아 주었어요.

4 글을 읽고, 1912년에 조선 총독부가 만든 법은 무엇인지 쓰세요.

우리나라 사람에게만 재판 없이 태형을
가할 수 있도록 한 법

5 일제가 왜 무단 통치를 했는지 써 보세요. 

일제는 헌병 경찰제로 우리 민족의 저항을
억압하는 무단 통치를 실시했어요.

12

우리 땅과 경제를 빼앗은 일제

일제는 우리 민족의 모든 정치 활동을 금지했어요. 우리 민족은 집회나 강연회, 연설회 등을 할 수 없었어요. 『황성신문』, 『대한매일신보』 같은 신문과 『소년』, 『서북 학회 월보』 같은 잡지 등도 발행할 수 없었어요.

1910년 12월, 일제는 산업을 관리하기 위해 '회사령'을 발표했어요. 회사나 공장을 세울 때 반드시 조선 총독부의 허가를 받도록 한 규정이에요. 회사령 때문에 우리 민족은 허가받기가 까다로워 회사나 공장을 세우기 어려워졌어요. 어렵게 세웠다 하더라도 일제의 눈치를 보거나 규정을 조금이라도 어기면 총독부가 회사를 없애 버렸어요. 이러다 보니 1920년 무렵이 되자 대부분의 공장과 회사는 친일파나 일본인의 것이었어요.

일제는 우리나라 땅을 빼앗기 위해 '토지 조사 사업'을 1910년부터 준비해, 1912년에서 1918년까지 실시했어요. 땅 주인은 정해진 기간 안에 자신의 땅을 직접 신고해야 했어요. 이 과정에서 주인이 신고하지 않은 땅, 마을에서 함께 관리하던 땅, 왕실의 땅 등이 모두 주인 없는 땅이 되어 조선 총독부로 넘어갔어요. 조선 총독부는 이렇게 넘어온 땅을 동양 척식 주식회사에 넘겼어요. 동양 척식 주식회사는 한반도로 건너온 일본인들에게 이 땅을 싼값에 나누어 주었어요.

토지 조사 사업으로 땅을 빼앗긴 농민들은 지주나 일본인에게 높은 소작료를 내고 땅을 빌려 농사를 짓거나, 정든 땅을 떠나야 했어요.

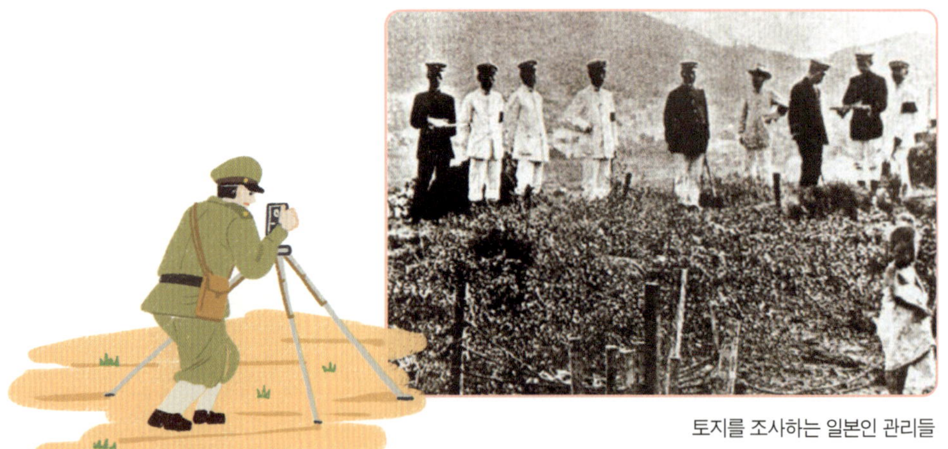

토지를 조사하는 일본인 관리들

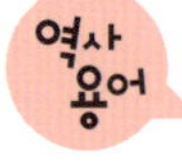

역사 용어

동양 척식 주식회사 1908년에 일제가 우리나라의 토지와 자원을 빼앗고, 경제를 장악하기 위해 세운 회사.
지주 자신의 토지를 남에게 빌려주고, 그 대가를 받는 사람.
소작료 다른 사람의 땅을 빌려 농사를 지은 대가로 내는 비용.

1 글을 읽으면서 밑줄에 들어갈 알맞은 말을 쓰세요.

일제는 우리 민족이 모일 수 있는 _________ 나 _________, 연설회 등을 할 수 없게 하고,

『황성신문』 같은 _________ 과 『소년』 등의 _________ 도 발행할 수 없게 했어요.

2 회사령에 대한 설명으로 옳은 것을 고르세요. (   )

① 우리 민족의 회사가 일본인 회사와 경쟁할 수 있도록 한 것
② 누구나 마음대로 회사를 세울 수 있도록 한 것
③ 회사나 공장을 세울 때 조선 총독부의 허가를 받도록 한 것
④ 회사에 가고 싶지 않을 때 가지 않도록 한 것

3 일제가 우리나라 땅을 빼앗기 위해 실시한 정책은 무엇인지 쓰세요.

4 글을 읽으면서 괄호에 들어갈 알맞은 말을 보기 에서 찾아 번호를 쓰세요.

보기   ① 동양 척식 주식회사   ② 조선 총독부

토지 조사 사업으로 주인 없는 땅이 된 많은 땅이 (   )로 넘어갔어요. 조선 총독부는 이 땅을 (   )로 넘겼어요. (   )는 이 땅을 한반도로 건너온 일본인에게 싼값에 나눠 주었어요.

5 토지 조사 사업으로 땅을 빼앗긴 농민들은 어떻게 되었는지 써 보세요. ... 수행평가 대비

역사 포인트 일제는 회사령을 발표해 회사나 공장을 세울 때 조선 총독부의 허가를 받도록 했고, 토지 조사 사업을 실시해 우리나라의 많은 땅을 빼앗았어요.

13

대한 독립 만세! 3·1 운동이 일어나다

일제의 무단 통치가 이루어지는 동안 제1차 세계 대전이 일어났어요. 연합국의 승리로 전쟁이 끝나자 미국의 대통령 윌슨은 '각 민족의 운명은 그들이 스스로 결정해야 한다.'는 민족 자결주의를 주장했어요. 이 주장으로 여러 식민지 국가가 독립을 했고, 우리 민족도 독립에 대한 희망을 갖게 되었어요.

이런 상황 속에서 1919년 2월 8일, 일본 도쿄에서 400여 명의 우리나라 유학생들이 2·8 독립 선언서를 발표하고, 만세를 불렀어요. 이 소식은 우리 민족에게 큰 용기를 주었지요.

나라 안에서도 종교계 지도자가 중심이 되어 독립운동을 계획했어요. 1919년 3월 1일, 마침내 손병희를 비롯한 민족 대표들이 태화관에 모여 독립 선언서를 낭독하며 독립 선언식을 했어요.

"우리 조선은 독립국이다. 우리 조선인은 자주민임을 선언하노라!"

같은 시각 탑골 공원에도 수천 명의 학생과 시민이 모여 독립 선언식을 하고, 태극기를 흔들며 거리로 뛰쳐나와서 만세 시위를 벌였어요.

"대한 독립 만세! 대한 독립 만세!"

가슴 벅찬 흥분과 감동 속에 사람들은 목이 터져라 만세를 외쳤어요. 이것이 바로 '3·1 운동'이에요. 이 만세 시위는 서울뿐 아니라 평양, 진남포, 선천, 안주, 의주, 원산 등 전국의 도시에서도 한꺼번에 터져 나왔어요. 100여 일 동안 전국에서 계속되었고 만주, 연해주, 미국 등 해외에서도 일어났어요.

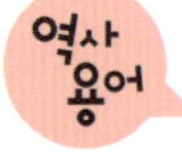

독립 선언서 3·1 운동 때 우리나라의 독립을 세계에 알린 선언서로, 최남선이 초안을 쓰고 민족 대표 33인이 서명함.
탑골 공원 서울 종로구에 있는 우리나라 최초의 공원.
시위 많은 사람이 뜻을 전하기 위해 함께 모이거나 행진하는 것.

1 3·1 운동의 계기가 된 윌슨의 민족 자결주의는 무엇인지 써 보세요. … 수행평가 대비

---

2 글을 읽으면서 빈칸에 들어갈 알맞은 말을 쓰세요.

1919년 2월 8일, 일본 도쿄에서 우리나라 유학생들이 ＿＿＿＿＿＿＿＿를 발표하고,

만세를 불렀어요.

3 글을 읽으면서 3·1 운동이 시작된 곳은 각각 어디인지 빈칸에 쓰세요.

● 민족 대표들이 ＿＿＿＿＿＿에 모여 독립 선언서를 낭독했어요.

● 수천 명의 학생과 시민이 ＿＿＿＿＿＿에 모여 독립 선언식을 했어요.

4 독립 선언서의 내용을 따라 쓰세요.

조선이 독립국임과 조선인이 자주민임을 선언하노라!

5 3·1 운동에 대한 설명으로 옳은 것을 모두 고르세요. (　　　,　　　,　　　)

① 수천 명의 학생과 시민이 태극기를 흔들며 만세를 불렀어요.
② 100여 일 동안 전국에서 계속되었어요.
③ 학생들만 참여한 운동이었어요.
④ 만주, 연해주, 미국 등 해외에서도 일어났어요.

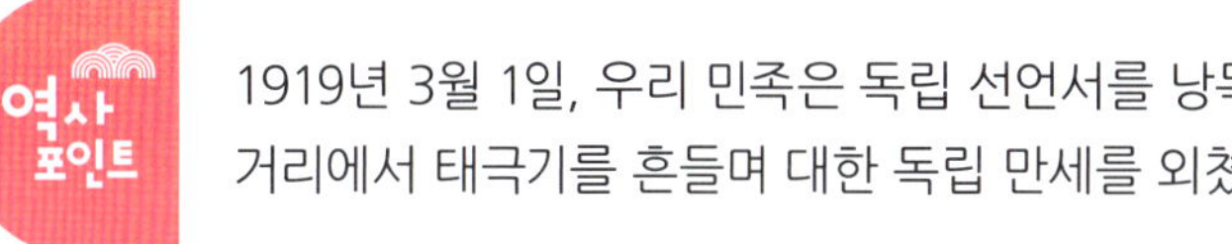

14

유관순은 고향에 내려가 무엇을 했을까?

3·1 운동이 일어나던 때 유관순은 이화 학당에 다니는 학생이었어요. 유관순은 다른 학생들과 함께 만세 시위에 참여했어요. 일제가 만세 시위를 막기 위해 학교 문을 닫자 유관순은 고향인 천안으로 내려갔어요.

고향에 내려간 유관순은 아버지와 마을 어른들에게 서울에서 만세 시위가 벌어지고 있다는 것을 전했어요. 그리고 숨겨 온 독립 선언서를 내놓으며, 아우내 장터에서 만세 시위를 벌일 것을 계획했어요.

1919년 4월 1일, 아우내 장터에 사람들이 하나둘 모여들었어요. 잠시 뒤 수많은 사람 앞에서 유관순이 연설했어요.

"우리나라를 빼앗은 일본놈들이 죄 없는 우리나라 사람들을 학대하고 있습니다. 큰 소리로 만세를 불러 나라를 되찾읍시다! 대한 독립 만세!"

유관순을 따라 수많은 사람이 태극기를 꺼내 들고 대한 독립 만세를 외쳤어요. 일본 헌병들은 평화적으로 만세를 외치는 사람들을 향해 마구 총을 쏘아 댔어요. 그들의 총에 유관순의 부모님을 비롯한 수십 명이 죽고 크게 다쳤어요.

유관순은 일본 헌병에게 붙잡혀 서대문 형무소에 갇혔어요. 유관순은 감옥 안에서도 독립 만세를 외치다가 심한 고문을 당했어요. 모진 고문에도 독립을 향한 유관순의 의지는 꺾이지 않았어요. 점점 몸이 쇠약해진 유관순은 열여덟 꽃다운 나이에 안타깝게도 세상을 떠났어요.

역사 용어

아우내 장터 충청남도 천안에 있는 장터.
학대 몹시 괴롭히거나 모질고 혹독하게 대우함.
고문 숨기고 있는 내용을 알아내기 위해 강제로 육체적, 정신적으로 고통을 줌.

1 글을 읽으면서 빈칸에 들어갈 알맞은 말을 쓰세요.

유관순은 　　　　　　　　　 에 다니는 학생이었어요.

2 유관순이 고향인 천안으로 내려간 이유는 무엇인지 써 보세요.

------

3 고향인 천안에서 유관순이 마을 어른들과 계획한 것은 무엇인지 쓰세요.

　　　　　　　　　　　　　　에서　　　　　　　　　　　　　를 벌이는 것

------

4 아우내 장터에서 일어난 만세 시위에 대한 설명으로 옳지 <u>않은</u> 것을 고르세요. (　　　)

① 1919년 4월 1일, 유관순이 이끈 만세 시위였어요.
② 태극기를 흔들며 평화적으로 만세를 외쳤어요.
③ 유관순이 일본 헌병의 안내를 받으며 만세를 외쳤어요.
④ 일본 헌병들이 마구 총을 쏘아 수많은 사람이 죽거나 다쳤어요.

5 주어진 말을 이용해 유관순에 대해 설명하는 글을 써 보세요. 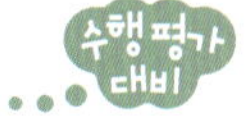

감옥에 갇힌 유관순

아우내 장터　　만세 시위　　서대문 형무소　　열여덟

역사 포인트 유관순은 1919년 4월 1일에 아우내 장터에서 만세 시위를 이끌다 붙잡힌 뒤, 심한 고문을 받아 열여덟 살에 세상을 떠났어요.

민족 수난의 현장 서대문 형무소

서대문 형무소는 1908년 일제에 의해 세워진 감옥이에요. 처음에는 경성 감옥으로 불렸다가 1923년에 서대문 형무소로 바꾸어 불렸어요. 이곳에는 감방과 고문실, 사형장 등이 있었어요. 독립운동을 하다가 잡혀 온 민족 지도자들과 독립운동가들이 이곳에서 끔찍한 고문을 당하거나 목숨을 잃었지요.

지금은 서대문 형무소 역사관으로 바뀌어 역사 교육의 현장이 되고 있어요.

옥사
복도를 사이에 두고 감방이 마주 보고 있고,
낮에도 햇볕이 들지 않아 매우 컴컴해요.
위에서 감시할 수 있도록 천장이 뚫려 있어요.

사형장
실제로 사형이 이루어진 곳으로,
많은 독립운동가가 이곳에서
목숨을 잃었어요.

담장과 망루
붉은 벽돌로 지은 높은 담장과
망루가 남아 있어요.

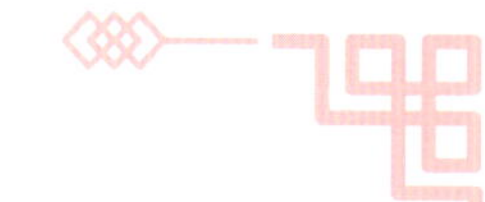

○✕ 퀴즈를 풀어라!

서대문 형무소에 관한 글을 읽고, ○✕로 답하세요.

1 서대문 형무소는 조선 시대부터 있던 감옥이 바뀐 것이에요. 

2 서대문 형무소에는 감방과 고문실, 사형장 등이 있었어요. 

3 잡혀 온 독립운동가들이 이곳에서 고문을 당하고 목숨을 잃었어요. 

4 붉은 벽돌로 지어진 높은 담장과 망루가 남아 있어요. 

5 현재는 사형장만 남아 있고, 다른 건물은 모두 사라졌어요.

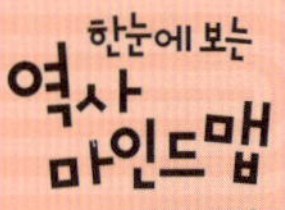

괄호에 들어갈 알맞은 말을 보기 에서 찾아 쓰면서 '나라를 빼앗김'과 '3·1 운동'에 대해 정리해 보세요.

대한 제국은 모든 국권을 일제에 강제로 빼앗겼다.

① 1910년 8월 29일, 대한 제국의 총리 대신 ( )과 데라우치 통감이 맺은 한일 병합 조약이 선포되었다.

한일 병합 조약

③ ( )이라는 법을 만들어 우리나라 사람에게만 재판 없이 태형을 가할 수 있도록 했다.

② 일제는 식민 통치의 최고 기구인 ( )를 설치했다.

④ 헌병이 총칼을 차고 다니며 우리나라 사람을 위협하고 감시하는 ( )를 실시했다.

무단 통치

나라를 빼앗김

⑤ 일제는 우리나라의 땅을 빼앗기 위해 ( )을 실시했다.

수탈 정책

많은 땅이 싼값에 일본인에게로 넘어갔다.

회사나 공장을 세울 때 반드시 조선 총독부의 허가를 받도록 하는 회사령을 발표했다.

우리 민족이 회사나 공장을 세우기 어려워졌다.

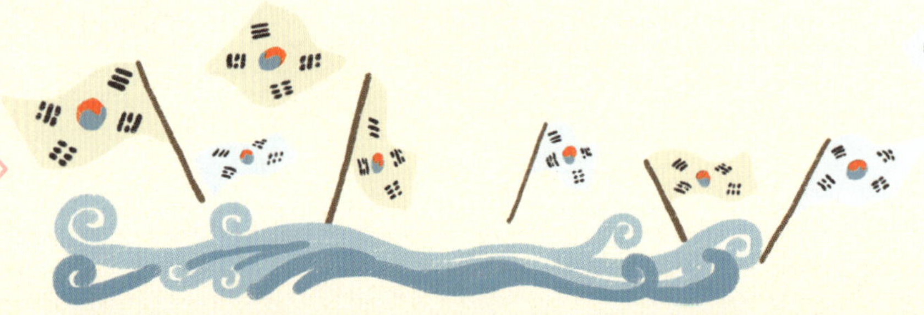

중심: **3·1 운동**

배경

미국 대통령 윌슨은 '각 민족의 운명은 그들이 스스로 결정해야 한다.'는 민족 자결주의를 주장했다.

⑥ 1919년 2월 8일, 일본 도쿄에서 우리나라 유학생들이 (   )를 발표하고, 만세를 불렀다.

전개

⑦ 1919년 3월 1일, 손병희를 비롯한 민족 대표들이 태화관에 모여 (   )를 낭독하며 독립 선언식을 했다.

1919년 3월 1일, 탑골 공원에서 수천 명의 학생과 시민이 독립 선언식을 하고, 태극기를 흔들며 거리로 나와 만세 시위를 벌였다.

전국의 도시에서 100여 일 동안 계속되었고, 해외에서도 일어났다.

유관순

⑧ 1919년 4월 1일, (   )에서 만세 시위를 이끌었다.

이화 학당을 다니던 학생으로 만세 시위에 참여했다.

보기   이완용   토지 조사 사업   2·8 독립 선언서   아우내 장터   독립 선언서   조선 총독부   조선 태형령   헌병 경찰제

독립을 위해 싸우다

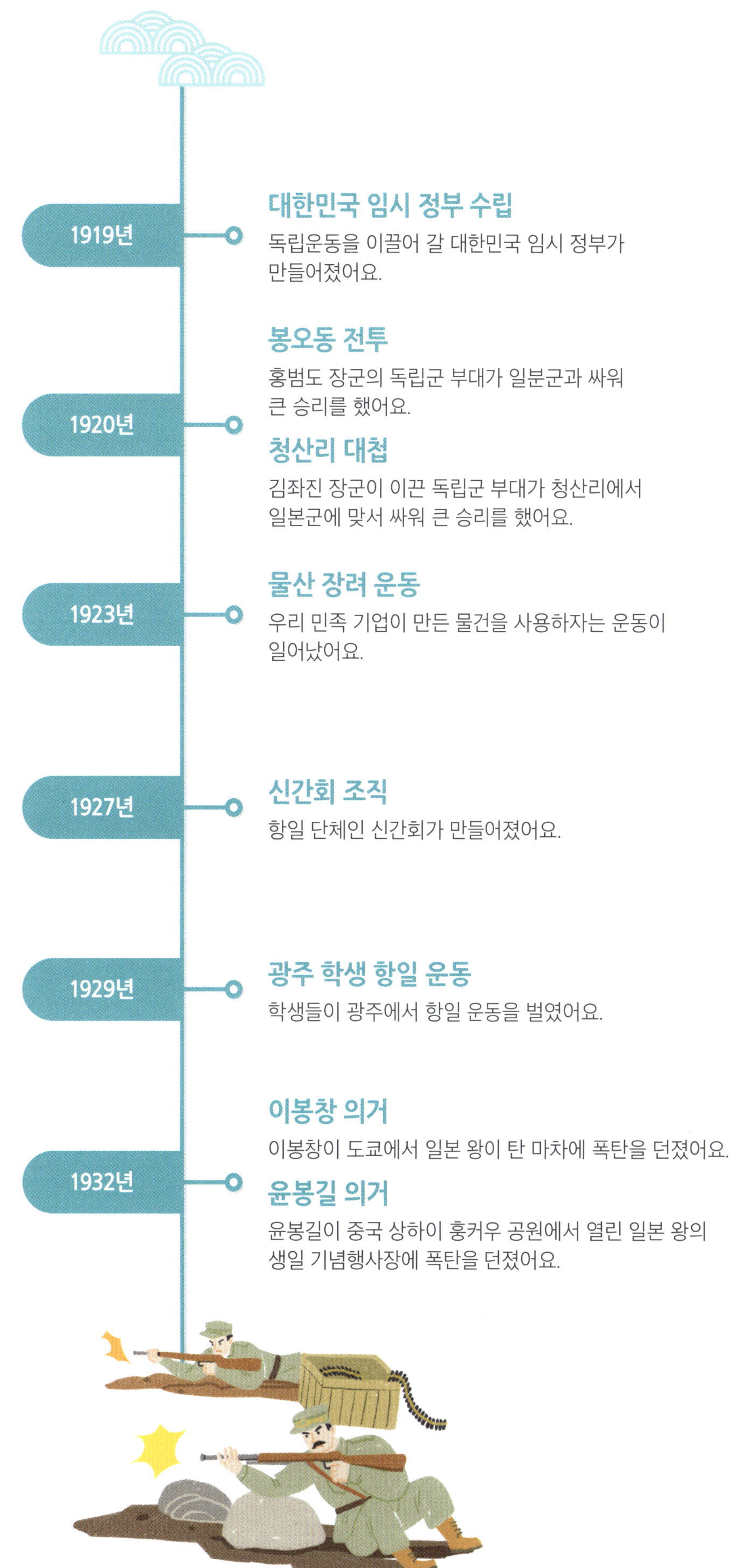

1919년

대한민국 임시 정부 수립

독립운동을 이끌어 갈 대한민국 임시 정부가 만들어졌어요.

봉오동 전투

홍범도 장군의 독립군 부대가 일분군과 싸워 큰 승리를 했어요.

1920년

청산리 대첩

김좌진 장군이 이끈 독립군 부대가 청산리에서 일본군에 맞서 싸워 큰 승리를 했어요.

1923년

물산 장려 운동

우리 민족 기업이 만든 물건을 사용하자는 운동이 일어났어요.

1927년

신간회 조직

항일 단체인 신간회가 만들어졌어요.

1929년

광주 학생 항일 운동

학생들이 광주에서 항일 운동을 벌였어요.

1932년

이봉창 의거

이봉창이 도쿄에서 일본 왕이 탄 마차에 폭탄을 던졌어요.

윤봉길 의거

윤봉길이 중국 상하이 훙커우 공원에서 열린 일본 왕의 생일 기념행사장에 폭탄을 던졌어요.

15 대한민국 임시 정부는 어떤 일을 했을까?

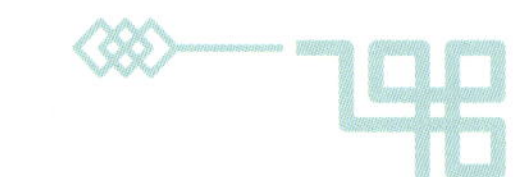

3·1 운동 직후, 민족 지도자들은 독립운동을 이끌어 갈 조직이 필요하다는 생각을 했어요. 연해주에는 대한 국민 의회, 상하이에는 대한민국 임시 정부, 나라 안에는 한성 정부가 만들어졌어요. 그러자 여기저기 흩어진 정부를 하나로 합쳐야 한다는 의견이 나왔어요. 그 뜻을 하나로 모아 마침내 1919년 9월, 대한민국 임시 정부가 상하이에서 새롭게 세워졌어요. 상하이는 중국 땅이어서 일제의 손길이 덜 미쳤고, 여러 나라의 대사관이 있어서 외교 활동을 펴기 좋았어요.

"국민이 주인이 되는 나라, 모든 국민이 자유롭고 평등한 나라를 함께 만듭시다!"

대한민국 임시 정부는 주권이 국민에게 있음을 밝히는 헌법을 만들고 민주주의 정치에 맞는 체제를 갖추어 갔어요. 대통령에는 이승만, 국무총리에는 이동휘가 뽑혔어요.

대한민국 임시 정부는 『독립신문』을 발행해 국내외 독립운동 소식을 알렸어요. 연통제라는 비밀 연락망을 만들어 독립운동가들과 정보를 주고받고, 독립운동에 필요한 자금도 모았어요. 외교 활동에도 힘을 쏟았지요.

또 국제회의에 대표를 보내 우리 민족의 독립 문제를 의논하려고 애썼어요. 하지만 대부분의 강대국들도 식민지를 거느리고 있어 큰 관심을 얻지는 못했어요. 대한민국 임시 정부는 일제가 중국을 침략하고, 일제의 감시가 점점 심해지자 여러 곳으로 옮겨 다녔어요. 어려운 상황 속에서도 대한민국 임시 정부는 독립을 위해 끊임없이 노력했어요.

대한민국 임시 정부 지도자들

임시 정부 국제 사회의 승인을 받지 못한 정부.
『독립신문』 1919년에 창간되어 우리 민족의 독립 정신을 높임. 1925년에 발행이 중단됨.
자금 특정한 목적에 쓰이는 돈.

1 3·1 운동 직후, 독립운동을 이끌기 위해 만들어진 조직을 모두 고르세요. (　　,　　,　　)

① 대한 국민 의회　　　　② 대한민국 임시 정부　　　　③ 애국 계몽 의회　　　　④ 한성 정부

2 대한민국 임시 정부가 상하이에 세워진 이유를 써 보세요.

3 글을 읽으면서 괄호에 공통으로 들어갈 말을 쓰세요.

> 대한민국 임시 정부는 (　　　)이 주인이 되는 나라, 모든 (　　　)이
> 자유롭고 평등한 나라를 세우고자 했어요.

4 대한민국 임시 정부가 한 일을 모두 고르세요. (　　,　　,　　)

① 헌법을 만들고, 대통령과 국무총리를 뽑았어요.
② 『독립신문』을 발행해 국내외 독립운동 소식을 알렸어요.
③ 연통제라는 비밀 연락망을 만들어 독립운동가들과 정보를 주고받았어요.
④ 일제에게 우리 민족의 독립을 약속받았어요.

5 국제회의에서 우리 민족의 독립 문제를 의논하지 못한 이유는 무엇인지 써 보세요.

1919년, 민족 지도자들은 중국 상하이에 대한민국 임시 정부를 새롭게 세우고 독립운동을 이끌어 갔어요.

16

독립군 부대의 활약상

3·1 운동 이후 많은 사람이 만주와 연해주에 모여들었어요. 이들은 총이나 폭탄 등의 무기로 독립운동을 하고자 했지요. 뜻을 모은 사람들은 독립군 부대를 만들고, 주로 압록강과 두만강 근처의 일본 관공서나 일본군을 공격했어요. 독립군은 봉오동과 청산리에서 일본군을 크게 무찌르기도 했어요.

1920년 6월, 홍범도 장군의 독립군 부대는 만주 봉오동 골짜기에 숨어 있다가 일본군을 습격했어요. 갑작스러운 독립군의 공격으로 일본군은 큰 피해를 입었어요. 이 전투가 바로 '봉오동 전투'예요. 봉오동 전투는 독립군이 거둔 첫 번째 큰 승리로, 독립군의 사기를 끌어올렸어요.

1920년 10월, 김좌진 장군의 독립군 부대는 청산리의 백운평 골짜기 절벽 위에 몰래 숨어 있었어요. 아무것도 모르는 일본군이 골짜기 아래 오솔길로 막 들어섰을 때였어요.

"바로 지금이다! 공격!"

독립군이 일제히 총을 쏘아 댔어요. 순식간에 수백 명의 일본군이 쓰러졌어요. 지형을 이용한 뛰어난 전술로 거둔 승리였지요. 5일 동안 여러 독립군 부대가 함께 작전을 펼쳐 청산리 일대에서 큰 승리를 거두었어요. 이를 '청산리 대첩'이라고 해요. 청산리 대첩은 독립군이 거둔 가장 큰 승리였어요.

독립군의 승리 소식은 우리 민족에게 큰 기쁨과 희망을 주었어요.

홍범도 장군   김좌진 장군

홍범도 의병 활동을 하다가 독립군이 되어 대한 독립군을 이끌었음. 백두산 호랑이라는 별명으로 불림.
사기 의욕이나 자신감이 넘쳐서 굽힐 줄 모르는 기세.
김좌진 대한 제국 육군 무관 학교를 나옴. 만주 지역에서 활동한 북로 군정서 부대의 총사령관.

1 독립군 부대에 대한 설명으로 맞으면 ○, 틀리면 ✗ 하세요.

① 총이나 폭탄 등의 무기로 독립운동을 하기 위해 모인 사람들이 만들었어요. ---------- (   )

② 만주와 연해주에서 독립을 위해 만세 시위를 벌였어요. ----------------------- (   )

③ 주로 압록강과 두만강 근처의 일본 관공서나 일본군을 공격했어요. ---------- (   )

④ 일본군과 전투를 벌였지만 매번 패했어요. ----------------------------- (   )

2 봉오동 전투를 승리로 이끈 장군의 이름을 쓰세요.

| | | | 장군
|---|---|---|

3 봉오동 전투에 대해 설명하는 글을 써 보세요. ... 수행평가 대비

---

4 글을 읽고, 무엇에 대한 설명인지 쓰세요.

• 청산리 백운평에서 승리를 거둔 독립군 부대의 장군   (   ) 장군

• 여러 독립군 부대가 청산리 일대에서 승리를 거둔 전투   (   )

5 독립군 부대가 거둔 승리와 관계있는 전투를 찾아 줄로 이으세요.

독립군이 거둔 첫 번째 큰 승리	•	•	청산리 대첩
독립군이 거둔 가장 큰 승리	•	•	봉오동 전투

역사 포인트   홍범도와 김좌진이 이끄는 독립군 부대가
봉오동과 청산리에서 일본군을 크게 무찔렀어요.

17

배워서 민족의 실력을 기르자!

1920년대가 되자 독립운동에 대한 다양한 주장이 펼쳐졌어요. 민족 지도자들은 독립을 이루기 위해서는 민족의 실력을 길러야 한다고 주장했어요. 민족의 실력이란 바로 교육과 산업을 말해요.

글을 모르는 농민이 사는 농촌에서는 농촌 계몽 운동이 펼쳐졌어요. '아는 것이 힘, 배워야 산다!'라는 구호와 함께 농민들에게 글을 가르쳤어요. 돈이 없어 학교에 가지 못하는 아이들을 위해서는 야학을 열고 우리글과 우리 역사를 가르쳤어요.

수준 높은 민족 교육을 받을 수 있도록 우리나라 대학교를 세우자는 운동도 펼쳐졌어요. 1923년까지 우리나라에는 대학교가 없었어요. 이상재 등은 민립 대학 기성 준비회를 조직해 모금 활동을 펼쳤어요. 하지만 안타깝게도 일제의 방해로 뜻을 이루지 못했어요.

민족 기업을 살리자는 운동도 일어났어요. 일제가 1920년 회사령을 폐지하면서 우리나라 사람들도 이전에 비해 자유롭게 회사를 세울 수 있게 되었어요. 그러나 일본 회사에서 만든 물건이 싼값에 들어오자 우리 기업들의 물건은 잘 팔리지 않았어요. 민족의 독립을 위해서는 무엇보다 경제력이 필요했어요. 그래서 평양에서는 조만식 등이 우리 기업을 살리기 위해 물산 장려 운동을 벌였어요. '조선 사람 조선 것으로', '조선인이 만든 것을 입고, 먹고, 쓰자!'라는 구호를 외치며 우리 민족 기업이 만든 물건을 쓰자고 장려했어요. 값이 비싸더라도 민족 기업의 물건을 사용하면 민족 기업을 살릴 수 있다는 것이었지요. 이 운동은 호응을 얻어 전국적으로 퍼져 나갔어요.

야학 부족한 시설과 가난 등으로 교육을 받기 어려운 사람을 위해 밤에 수업을 하는 학교.
이상재 1896년 서재필과 독립 협회를 창립함. 일제에 맞선 민족 교육 운동을 펼침.
조만식 3·1 운동에 참여한 독립운동가. 평양에서 물산 장려 운동을 펼침.

1 글을 읽고, 관계있는 운동을 보기 에서 찾아 쓰세요.

보기

물산 장려 운동
대학 설립 운동
농촌 계몽 운동

- 글을 모르는 농민들에게 글을 가르치자.

- 우리 민족 기업이 만든 물건을 사용하자.

2 민족의 실력을 기르기 위해 펼쳐진 농촌 계몽 운동의 구호를 써 보세요.

3 글을 읽으면서 알맞은 말에 ◯ 하세요.

- (**이상재** / **이광수**) 등이 우리나라 대학교를 세우기 위해 모금 활동을 펼쳤어요.
- (**서상돈** / **조만식**) 등이 평양에서 물산 장려 운동을 펼쳤어요.

4 평양에서 시작된 물산 장려 운동의 원인을 써 보세요. ···수행평가 대비

5 물산 장려 운동의 구호를 써 보세요.

역사 포인트

민족 지도자들은 민족의 실력을 기르기 위해 농촌 계몽 운동과 대학 설립 운동, 물산 장려 운동 등을 펼쳤어요.

18

광주 학생들이 일어나 외치다!

1929년 10월 30일, 나주역에 기차가 도착했어요. 이 기차에는 전라남도 광주에서 나주로 학교를 다니는 일본인 학생과 우리나라 학생이 많이 타고 있었어요.

"조센징!"

한 일본인 중학생이 기차에서 내리는 우리나라 여학생을 괴롭혔어요.

"이봐, 그만둬! 여학생을 괴롭히지 마!"

이 모습을 본 우리나라 남학생이 나서면서 일본인 학생들과 싸움이 벌어지고 말았어요.

싸움을 말리기 위해 온 일본인 경찰은 일본인 학생들 편을 들며 우리나라 학생들만 잡아 가두었어요. 일본인 신문사도 일본인 학생이 옳다는 기사를 내보냈지요. 이 소식에 분노한 광주의 우리나라 학생들은 거리로 나와 시위를 벌였어요.

"일제는 민족 차별과 식민지 교육을 없애라! 조선인은 조선어로 공부하게 해 달라!"

이 사건이 바로 '광주 학생 항일 운동'이에요. 일제는 학생들의 시위를 막기 위해 강제로 학교 문을 닫게 하고 학생들을 붙잡아 갔어요. 하지만 시위는 전국으로 퍼져 나갔어요. 그동안 식민지 교육과 민족 차별을 받던 학생들의 울분과 설움이 한꺼번에 폭발했지요. 항일 단체인 신간회는 학생들의 시위가 전국으로 퍼져 나갈 수 있도록 도왔어요.

11월 3일에 시작된 이 운동은 약 5개월 동안 계속되었고, 5만 명 이상의 학생들이 참여했어요. 3·1 운동 이후 최대 규모였어요.

조센징 조선 사람을 낮추어 모욕적으로 부르는 말.
울분 답답하고 분한 마음.
신간회 1927년, 서로 다른 사상을 가진 사람들이 함께 만든 항일 단체.

1 3·1 운동 이후 최대 규모의 항일 운동은 무엇인지 쓰세요.

2 광주 학생 항일 운동이 일어난 과정에 맞게 순서대로 번호를 쓰세요.

- 광주의 우리나라 학생들이 거리로 나와 시위를 벌였어요. ────────── (   )
- 우리나라 학생과 일본인 학생 사이에 싸움이 벌어졌어요. ────────── (   )
- 일본인 경찰이 우리나라 학생들만 잡아 가두었어요. ────────── (   )
- 일본인 중학생이 기차에서 내리는 우리나라 여학생을 괴롭혔어요. ────── (   )

3 글을 읽으면서 광주 학생 항일 운동에서 학생들의 주장으로 알맞은 말에 ○ 하세요.

일제는 (**민족 차별** / **민족 평등**)과 (**독립 교육** / **식민지 교육**)을 없애라!

4 광주에서 시작된 학생 시위가 전국으로 퍼져 나간 이유를 써 보세요. 

5 글을 읽으면서 밑줄에 들어갈 알맞은 말을 쓰세요.

광주 학생 항일 운동은 11월 3일에 시작되어 약 ──────── 동안 계속되었고

──────── 이상의 학생들이 참여했어요.

> **역사 포인트**
> 1929년, 일제의 민족 차별과 식민지 교육에 항의하며
> 광주 학생 항일 운동이 일어났고, 전국으로 퍼져 나갔어요.

19

독립에 목숨 바친 한인 애국단

"쾅! 쾅!"

1932년 1월 8일, 도쿄에서 이봉창이라는 청년이 일본 왕이 탄 마차에 폭탄을 던졌어요. 폭탄을 던진 이봉창은 도망치지 않고 그 자리에서 큰 소리로 '대한 독립 만세!'를 외쳤어요. 일본 경찰에게 붙잡힌 이봉창은 자신은 한인 애국단의 단원이며 민족의 적인 일제의 우두머리를 암살하려 한 사실을 당당히 밝혔어요. 한인 애국단은 대한민국 임시 정부의 김구가 일제의 지위 높은 관리들을 암살하기 위해 만든 독립운동 단체예요.

이봉창의 의거는 안타깝게 폭탄이 마차 뒤쪽에 떨어져 실패했어요. 하지만 일본 땅 한복판에서 일어난 사건이라 일제는 큰 충격을 받았어요.

3개월 뒤인 1932년 4월 29일, 중국 상하이의 훙커우 공원에서도 폭탄이 터졌어요. 일본 왕의 생일 기념행사가 한창일 때, 한인 애국단 단원인 윤봉길이 폭탄을 던진 것이에요. 이 폭발로 일본 사령관 등 십여 명이 크게 다치거나 목숨을 잃었어요.

"대한 독립 만세! 일본 제국주의를 몰아내자!"

윤봉길은 일본 경찰에게 끌려가는 순간에도 소리 높여 외쳤어요.

이봉창과 윤봉길의 의거는 나라 안팎에 널리 알려졌어요. 일제의 핍박에 시달리는 우리 민족에게 큰 용기와 희망을 주었어요. 일제의 침략에 시달리던 중국 정부도 "중국의 100만 대군도 해내지 못한 일을 한국 용사 한 명이 해냈다."라며 높이 평가했어요. 그리고 중국 국민당 정부는 대한민국 임시 정부의 활동을 적극적으로 지원하기 시작했어요.

이봉창

윤봉길

암살 몰래 사람을 죽이는 일.
김구 대한민국 임시 정부 조직에 참여했고, 한인 애국단의 의거를 이끎. 호는 백범.
의거 정의를 위해 개인 혹은 여러 사람이 의로운 일을 행동으로 옮기는 것.

1 한인 애국단을 만든 사람은 누구인지 쓰세요.

2 한인 애국단은 어떤 단체인지 써 보세요. 

---

3 이봉창의 의거는 실패했지만 일본이 큰 충격을 받은 이유는 무엇인지 써 보세요.

---

4 글을 읽고, 누가 한 일인지 이름을 쓰세요.

- 일본의 도쿄에서 일본 왕이 탄 마차에 폭탄을 던졌어요. (   )
- 중국 상하이 홍커우 공원에서 폭탄을 던졌어요. (   )

5 이봉창과 윤봉길의 의거 뒤에 나타난 중국 정부의 변화를 고르세요. (   )

① 대한민국 임시 정부에 중국군을 보내 주었어요.

② 한인 애국단의 활동을 금지했어요.

③ 대한민국 임시 정부의 활동을 적극적으로 지원했어요.

④ 일본군과 전투를 적극적으로 벌였어요.

한인 애국단의 이봉창, 윤봉길은 폭탄을 던져 일제에 큰 피해를 입혔고, 이 사건은 우리 민족에게 용기와 희망을 주었어요.

독립운동을 이끈 **대한민국 임시 정부**

대한민국 임시 정부는 일제의 감시와 탄압을 피해 중국 상하이에 세워졌어요.
그 뒤 일제의 감시가 심해져 항저우, 난징, 광저우 등으로 옮겨 다니다 마지막에는
충칭에 자리를 잡았어요. 대한민국 임시 정부는 우리 민족의 독립운동을 이끌었어요.

상하이 대한민국 임시 정부

처음 임시 정부는 한 건물에 있지 않았어요. 여러 개의
건물을 썼지요. 오늘날 상하이 대한민국 임시 정부 건물로
알려진 3층짜리 벽돌 건물은 1926년부터 윤봉길 의거가
있었던 1932년까지 사용했던 곳이에요. 이곳에는 임시
정부의 회의실과 김구 등이 사용한 집무실이 있어요.

상하이 대한민국
임시 정부 건물

김구의 집무실

김구 흉상과 태극기

충칭 대한민국 임시 정부

1940년부터 1945년 광복이 될 때까지
독립운동을 펼쳤던 곳이에요. 임시 정부 중 가장
규모가 컸어요. 이곳에서 한국광복군도 창설하며
활발한 독립운동을 펼쳤어요. 현재 마련된
전시실에서는 『독립신문』, 한국광복군 관련 자료
등을 볼 수 있어요.

충칭 대한민국 임시 정부 건물

전시실

첫 글자를 써라!

대한민국 임시 정부의 모습과 글을 읽고, 상하이와 충칭 중 관계있는 지역의
첫 글자를 쓰세요.

1940년~1945년에
독립운동을 펼쳤던
곳이에요.

대한민국 임시 정부 중
규모가 가장 컸어요.

상

충

처음 대한민국
임시 정부가 이곳에
세워졌어요.

이곳에서
한국광복군을
창설했어요.

윤봉길 의거가 있었던
1932년까지 이곳에
있었어요.

괄호에 들어갈 알맞은 말을 보기 에서 찾아 쓰면서 '3·1 운동 이후 독립운동'에 대해 정리해 보세요.

3·1 운동 직후, 민족 지도자들이 독립운동을 이끌어 갈 조직이 필요하다고 생각했다.

① 1919년 9월, 흩어진 정부를 하나로 모아 대한민국 임시 정부가 중국 ( )에 새롭게 세워졌다.

대한민국 임시 정부

『독립신문』을 발행해 국내외 독립운동 소식을 알렸다.

연통제라는 비밀 연락망을 만들어 독립운동가들과 정보를 주고받았다.

활동

국제회의에 대표를 보내는 등 외교 활동을 펼쳤다.

3·1 운동 이후 독립운동

② 1920년 6월, ( ) 장군의 독립군 부대가 봉오동 전투에서 일본군에게 큰 승리를 거두었다.

독립군 투쟁

무장 독립 투쟁

1920년 10월, 김좌진 장군의 독립군 부대가 청산리의 백운평 골짜기에서 일본군에게 승리를 거두었다.

③ 5일 동안 여러 독립군 부대가 함께 작전을 펼쳐 청산리 일대에서 일본군에게 큰 승리를 거두었다. 이것을 ( )이라고 한다.

⑥ 글을 모르는 농민들에게 글을 가르치는 (　　　　　　)을 펼쳤다.

이상재 등이 우리나라 대학교를 세우기 위해 모금 활동을 펼쳤다.

교육

⑦ 평양에서 (　　　　　) 등이 시작해 전국에서 일어났다.

민족의 실력을 기르자

물산 장려 운동

민족 기업이 만든 물건을 사용해 민족 기업을 살리자는 운동이다.

광주 학생 항일 운동

일본인 학생과 우리나라 학생 사이의 다툼이 원인이 되어 광주에서 시작되었다.

⑧ (　　　　　　)과 식민지 교육의 철폐를 주장하며 전국으로 퍼져 나갔다.

한인 애국단

④ 1932년 1월 8일, 도쿄에서 (　　　　　　)이 일본 왕이 탄 마차에 폭탄을 던졌다.

대한민국 임시 정부의 김구가 일제의 지위 높은 관리들을 암살하기 위해 만든 독립운동 단체이다.

⑤ 1932년 4월 29일, (　　　　　　)이 중국 상하이 훙커우 공원에서 폭탄을 던졌다.

보기　농촌 계몽 운동　윤봉길　민족 차별　이봉창　상하이　청산리 대첩　조만식　홍범도

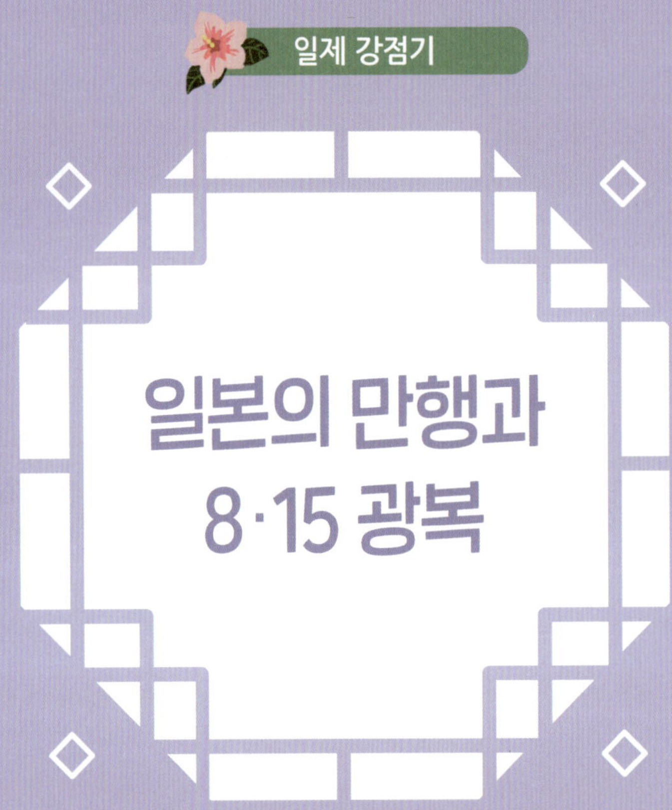

일본의 만행과 8·15 광복

1938년

일제, 국가 총동원법 선포

일본이 전쟁에 필요한 자원을 마음대로 가져가기 위해
법을 만들었어요.

1940년

창씨개명 시행

일본이 우리나라 사람에게 일본식 이름으로
바꾸라고 강요했어요.

한국광복군 창설

일본군에 맞서 싸울 정식 군대를 만들었어요.

1943년

한국광복군, 미얀마 파견

한국광복군은 연합군이 되어 일본에 맞서 싸웠어요.

1945년

8·15 광복

우리나라가 광복을 맞이했어요.

모스크바 삼국 외상 회의

미국, 소련, 영국이 한반도 문제를 의논하기 위해
모스크바에 모였어요.

1946년

제1차 미소 공동 위원회 개최

한반도 문제로 미국과 소련이 다시 만났어요.

20

일제가 펼친 민족 말살 정책

1937년, 일제는 중국을 침략해 중일 전쟁을 일으켰어요. 이어서 여러 아시아 나라들까지 침략했어요. 계속된 전쟁으로 일제는 군인이 많이 필요했어요.

일제는 우리나라 사람을 전쟁터에 끌고 가려면 생각부터 일본 사람으로 바꾸어야 한다고 생각했어요. 그래서 '일본과 조선은 하나'라며 매일 우리나라 사람들에게 일본 왕에게 충성을 다짐하는 내용의 황국 신민 서사를 외우도록 했어요.

그리고 우리 땅 곳곳에 일본의 신이나 국가에 공을 세운 사람을 모시는 신사를 짓고, 신사 참배를 강요했어요. 학교에서는 일본 역사를 가르치고 일본 말만 쓰도록 했어요. 우리말과 글을 쓰는지 친구들끼리 감시하게 하고, 우리말과 글을 쓰면 벌을 주었어요. 심지어 집 안에서도 일본 말을 쓰라고 강요했어요.

일제는 더 나아가 창씨개명을 실시했어요. 강제로 우리나라 사람의 성과 이름을 일본식으로 바꾸도록 한 것이에요.

"절대 그럴 수 없다! 조상이 지어 준 내 성과 이름을 버리라니, 부끄럽다."

많은 사람이 반대했어요. 하지만 창씨개명을 하지 않으면 회사에 들어가지 못했고, 자녀가 학교에 다닐 수도 없었어요. 심지어 나라에서 주는 물자도 받을 수 없었어요. 사정이 이렇다 보니 대부분의 사람들은 어쩔 수 없이 창씨개명을 했어요. 우리의 민족정신을 없애려는 일제의 이런 정책을 '민족 말살 정책'이라고 해요.

**역사
용어**

중일 전쟁 1937년 7월부터 일본의 침략으로 중국 전역에서 벌어진 전쟁.
참배 죽은 사람을 생각하며 절을 하는 것.
말살 사물이나 정신을 아주 뭉개어 없애 버림.

1 우리의 민족정신을 없애기 위해 일제가 실시한 정책은 무엇인지 쓰세요.

2 일제가 '일본과 조선은 하나'라고 주장한 까닭은 무엇인지 고르세요. (   )

① 우리나라 사람과 일본인을 똑같이 대우해 주려고

② 많은 우리나라 사람을 전쟁터에 끌고 가려고

③ 우리나라 사람을 일본으로 옮겨 가서 살게 하려고

④ 예전부터 일본과 조선이 하나라고 생각해 왔기 때문에

3 일제가 실시한 창씨개명은 어떤 정책인지 써 보세요. ···수행평가대비

4 창씨 개명을 하지 않은 사람들이 받은 피해를 두 가지 써 보세요.

5 우리의 민족정신을 없애기 위해 일제가 실시한 정책을 모두 고르세요. (,   ,   )

① 매일 황국 신민 서사를 외우도록 했어요.

② 신사를 짓고, 신사 참배를 강요했어요.

③ 우리나라 사람의 성과 이름 중 예쁜 이름을 선발해 상을 주었어요.

④ 일본 역사를 가르치고 일본 말만 쓰라고 했어요.

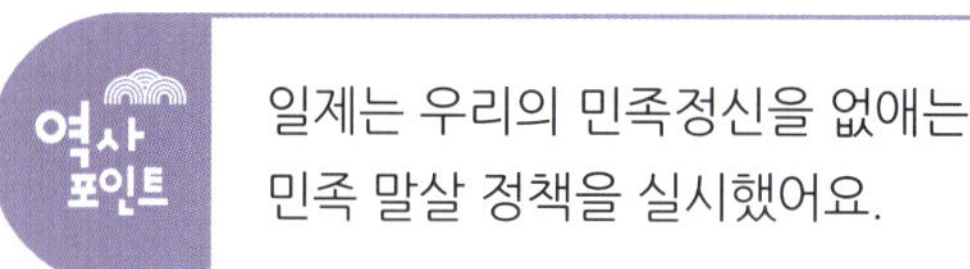

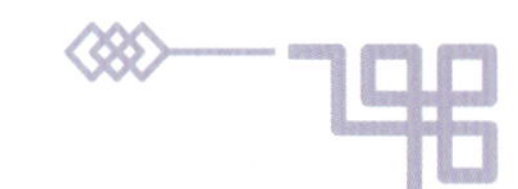

21

전쟁을 위해 모든 것을 내놓아라!

일제가 중국을 넘어 아시아와 태평양 곳곳을 침략하면서 전쟁은 계속 되었어요. 전쟁을 위해 일제는 우리나라의 모든 것을 빼앗아 갔어요.

일제는 1938년에 '국가 총동원법'이라는 법을 만들었어요. 전쟁에 필요한 것은 무엇이든 마음대로 가져가기 위한 법이었어요.

일제는 이 법을 내세워 전쟁에 필요한 금, 석탄, 철광석 등 지하자원을 닥치는 대로 캐 갔어요. 무기를 만들 쇠붙이가 부족하다며 집에서 쓰는 놋그릇, 숟가락, 젓가락, 세숫대야, 솥뚜껑 등도 거두어 갔어요.

군인들이 먹을 식량이 필요하다며 쌀과 보리 같은 곡식은 물론이고 감자와 고구마까지 강제로 공출했어요.

일제는 '학도 지원병제'를 실시해 많은 우리나라 학생과 청년을 전쟁터로 끌고 갔어요. 학교에 다니던 어린 학생들이 하루아침에 전쟁터에서 총을 들고 싸워야 했어요.

또 일본의 공장이나 광산 등에도 우리나라 사람들을 강제로 데리고 갔어요. 끌려간 사람들은 위험하고 힘든 일을 하며 배고픔과 폭력에 시달렸어요.

젊은 여성들도 마구 끌고 갔어요. 그중에는 강제로 전쟁터로 끌려가 위안부라는 이름으로 일본군에게 끔찍한 고통을 당하기도 했어요.

우리 민족을 향한 일제의 착취는 전쟁이 끝날 때까지 계속되었어요.

일제가 강제로 거두어들인 놋그릇들

일본군 위안부 피해를
상징하는 평화의 소녀상

공출 나라에서 정해 준 일정 양의 농산물을 내도록 하는 것.
학도 지원병제 학생이 군대에 갈 수 있도록 한 제도.
착취 강제로 빼앗아 감.

1 글을 읽고, 일제가 만든 법은 무엇인지 쓰세요.

> 전쟁에 필요한 것은 무엇이든 마음대로 가져가기 위한 법

☐☐ ☐☐☐☐

2 일제가 놋그릇, 숟가락, 솥뚜껑 등을 거두어 간 이유를 써 보세요. ⋯ 수행평가 대비

- -

3 우리나라 사람이 일제에게 겪은 고통으로 옳지 <u>않은</u> 것을 고르세요. (   )

① 학생들과 청년들이 전쟁터로 끌려가 총을 들고 싸웠어요.
② 쌀과 보리, 감자와 고구마 등의 식량까지 빼앗겼어요.
③ 일본의 공장이나 광산 등에서 위험하고 힘든 일을 했어요.
④ 젊은 여성들이 끌려가 회사에서 편하게 일했어요.

4 일제가 한국인 학생들과 청년들을 전쟁터로 끌고 간 제도의 이름을 쓰세요.

☐☐ ☐☐☐☐

5 글을 읽으면서 빈칸에 들어갈 알맞은 말을 쓰세요.

강제로 전쟁터로 끌려간 젊은 여성들은 ☐☐☐ 가 되어 일본군에게 끔찍한

고통을 당했어요.

역사 포인트 일제는 국가 총동원법을 만들어 전쟁에 필요한 지하자원과 금속, 식량 등을 빼앗아 가고 사람까지 끌고 갔어요.

한국광복군은 어떤 일들을 했을까?

1940년, 일제의 감시를 피해 중국의 여러 곳을 떠돌던 대한민국 임시 정부는 충칭에 자리를 잡았어요. 대한민국 임시 정부는 보다 강한 독립군을 키워 일본군과 맞서 싸워야겠다고 생각했어요. 그래서 정식 군대인 '한국광복군'을 창설했어요. 만주와 연해주에서 활동하던 독립군들과 중국에서 독립운동을 하던 청년들이 중심이 되었고 지청천이 사령관이 되었어요.

1941년, 미국·영국 등 연합군과 일본 사이에 태평양 전쟁이 일어났어요. 이때를 놓치지 않고 대한민국 임시 정부는 일제에 당당하게 전쟁을 시작하겠다는 뜻으로 선전 포고를 했어요. 한국광복군은 연합군의 일원이 되어서 전쟁에 참여했어요. 중국군과 연합해 일본군에 맞서 싸웠고, 미얀마와 인도 지역에서는 영국군과 함께 작전을 펼쳤어요. 한국광복군은 일본 포로에게 정보를 캐묻거나 일본군의 마음을 불안하게 하는 방송을 했어요. 또 일본어로 된 암호를 푸는 일도 담당했어요.

대한민국 임시 정부는 꼭 우리 힘으로 광복을 이루어야 된다고 생각했어요. 이를 위해 한국광복군을 국내에 침투시켜 연합군인 미군과 함께 일제를 모조리 몰아낼 작전을 계획했어요. 대원들을 선발해 특수 훈련을 받게 하는 등 모든 준비를 마치고 일제와의 마지막 전투가 될 8월 20일만을 기다렸어요.

하지만 일제가 이보다 앞선 1945년 8월 15일에 연합국에 항복을 선언해 아쉽게도 이 작전은 물거품이 되고 말았어요.

창설 기관이나 단체 따위를 처음으로 세움.
태평양 전쟁 제2차 세계 대전 중 일본이 미국 하와이의 진주만을 공격하면서 시작된 전쟁.
광복 잃었던 나라와 주권을 되찾음.

1 대한민국 임시 정부가 창설한 정식 군대 이름을 쓰세요.

2 괄호에 들어갈 지역을 모두 고르세요. (　　,　　)

한국광복군은 연합군의 일원으로, (　　) 지역에서 영국군과 함께 작전을 펼쳤어요.

① 홍콩　　　② 미얀마　　　③ 태국　　　④ 인도

3 한국광복군이 미얀마, 인도 지역에서 담당했던 활동을 두 가지 써 보세요. 수행평가 대비

4 글을 읽으면서 알맞은 말에 ◯ 하세요.

대한민국 임시 정부는 우리 힘으로 (**광복** / **전쟁**)을 이루려고 했어요. 그러나 일제가 1945년 8월 15일에 연합국에 (**승리** / **항복**)하는 바람에 이루지 못했어요.

5 대한민국 임시 정부가 '우리 힘으로 광복'을 이루려고 세운 계획은 무엇인지 써 보세요. 수행평가 대비

역사 포인트 | 대한민국 임시 정부는 한국광복군을 창설해 연합군의 일원으로 일제와 맞서 싸웠어요.

8·15 광복의 기쁨과 함께 찾아온 혼란

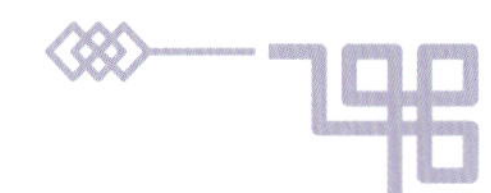

1945년 8월 15일 12시, 일본 왕이 항복한다는 소리가 라디오에서 흘러나왔어요. 드디어 우리나라가 광복을 맞이했어요. 광복은 우리나라 사람들이 꾸준히 독립운동을 벌이고, 연합국이 전쟁에서 승리한 결과였어요. 사람들은 해방의 기쁨에 거리로 뛰쳐나와 만세를 외쳤어요.

"이제 우리 민족의 모든 힘을 한데 모아 새로운 조국을 건설합시다!"

국내에서 독립운동을 해 오던 여운형이 가장 먼저 조선 건국 준비 위원회를 만들고, 새 나라를 세우기 위한 준비를 해 나갔어요. 이승만, 김구 등 나라 밖에서 독립운동을 하던 사람들도 잇따라 귀국했어요.

그런데 연합국이었던 미국과 소련이 일본군을 모조리 몰아낸다며 우리나라에 각각 군대를 보냈어요. 미국과 소련은 각자의 나라에 유리한 정부를 세우고 싶어 했어요. 그래서 북위 38도선을 기준으로 남쪽에는 미군이, 북쪽에는 소련군이 들어왔어요. 미군과 소련군은 각각 남쪽과 북쪽에 머물며 자신들의 방식으로 군정을 실시했어요. 이 일은 우리나라가 남과 북으로 나뉘게 된 원인이 되었지요.

"남쪽의 정부는 미군정 단 하나뿐이다! 미군정이 남쪽을 통치한다."

남쪽의 미군정은 혼란스러운 나라를 바로잡는다며 광복 뒤 새 나라 건국을 준비하던 조선 건국 준비 위원회는 물론이고, 대한민국 임시 정부도 인정하지 않았어요. 우리 힘으로 새 나라를 세우는 일은 점점 어려워졌고 무조건 미군정의 통치를 따라야 했지요.

광복을 맞이해 환호하는 사람들

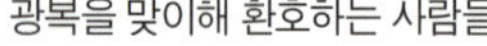

여운형 호는 몽양으로 1919년에 임시 정부를 조직하고, 1945년에 조선 건국 준비 위원회를 조직함.
군정 군사령관이 점령 지역을 임시로 통치하는 것.
통치 나라나 지역을 도맡아 다스림.

1 우리나라가 광복을 맞이하게 된 이유를 고르세요. (   )

① 연합국이 독립운동을 도와주었기 때문이에요.

② 우리나라 사람들이 꾸준히 독립운동을 벌이고, 연합국이 전쟁에서 승리했기 때문이에요.

③ 우리나라가 전쟁에서 승리해 일본군을 몰아냈기 때문이에요.

④ 아무 이유 없이 일제가 스스로 물러났기 때문이에요.

2 글을 읽으면서 빈칸에 들어갈 사람은 누구인지 쓰세요.

[   ] 은 조선 건국 준비 위원회를 만들고, 새 나라를 세우기 위한 준비를 했어요.

3 연합군이었던 미군과 소련이 우리나라에 군대를 보낸 이유를 써 보세요.

----

4 우리나라가 남과 북으로 나뉘게 된 원인은 무엇인지 써 보세요. 

----

5 글을 읽으면서 알맞은 말에 ○ 하세요.

남쪽의 미군정은 새 나라 건국을 준비하던 조선 건국 준비 위원회, 대한민국 임시 정부를

(**인정했어요 / 인정하지 않았어요**).

> **역사 포인트**
>
> 1945년 8월 15일, 우리나라는 광복을 맞이했어요. 그러나 미군과 소련군이 북위 38도선을 기준으로 남쪽과 북쪽으로 들어와 군정을 실시했어요.

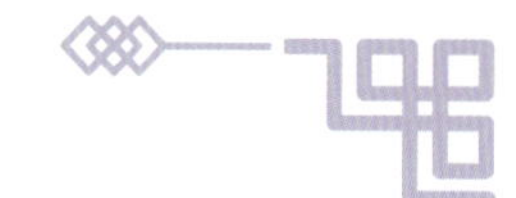

분단을 막기 위한 우리의 노력

1945년 12월, 연합국이었던 미국, 소련, 영국 세 나라의 외무 장관이 한반도 문제를 논의하기 위해 모스크바에 모였어요. 이 모스크바 삼국 외상 회의에서 한반도에 임시 정부를 세우고, 연합국들이 신탁 통치를 하기로 결정했어요.

이 결정에 참여하지 못한 우리 민족은 신탁 통치에 대해 의견만 나누며 서로 다투게 되었어요. 통일 정부를 빨리 세울 수 있다며 찬성하는 쪽과 자주권을 잃는 것이라며 반대하는 쪽으로 갈라져 팽팽히 맞섰어요.

1946년, 미국과 소련이 우리나라에 어떤 정부를 세울지 논의하기 위해 미소 공동 위원회가 열렸어요. 그러나 미국과 소련의 생각이 달라 논의가 쉽지 않았어요. 결국 이 문제는 국제 연합(UN)으로 넘어갔어요.

국제 연합에서는 남북한이 동시에 총선거를 실시해 통일 정부를 세우라고 결정했어요. 하지만 소련과 북한이 거부해 북쪽에서는 선거를 치를 수 없게 되었어요. 그래서 국제 연합은 남한에서만 총선거를 실시하는 것으로 결정했어요.

통일 정부 수립이 어렵다면 남한만이라도 정부를 세워야 한다고 계속 주장했던 이승만은 환영했어요. 김구는 우리 민족이 남과 북으로 갈라진다며 반대했어요. 김구는 분단을 막기 위해 북한으로 갔어요.

그리고 북한의 지도자를 만나 통일 정부를 세우자며 설득하고 남한으로 돌아왔어요. 하지만 끝내 남한에서만 총선거가 실시되었고, 대한민국 정부가 세워졌어요. 통일 정부를 세우려고 했던 김구의 노력은 헛수고가 되었어요.

분단을 막기 위해
북한으로 간 김구

신탁 통치 국제 연합에서 정한 나라가 일정한 기간 동안 다른 나라의 정치를 하는 것.
미소 공동 위원회 한반도 문제를 해결하기 위해 미국과 소련의 대표가 모인 회의.
국제 연합(UN) 제2차 세계 대전 뒤 세계의 평화와 안전 보장을 위해 만들어진 국제기구.

1 글을 읽고, 어떤 회의에서 결정한 것인지 쓰세요.

> 한반도에 임시 정부를 세우고, 연합국들이 신탁 통치를 함.

						회의

2 광복 이후 우리나라를 둘러싼 상황이 변한 과정에 맞게 순서대로 번호를 쓰세요.

- 모스크바 삼국 외상 회의에서 연합국들이 신탁 통치를 하기로 결정했어요. ⸺ (   )
- 국제 연합은 남한에서만 총선거를 실시하는 것으로 결정했어요. ⸺ (   )
- 국제 연합은 남북한이 총선거를 실시해 통일 정부를 세우라고 결정했어요. ⸺ (   )
- 미소 공동 위원회가 열렸지만 정부 수립에 대한 미국과 소련의 생각이 달랐어요. ⸺ (   )

3 1946년, 미국과 소련이 우리나라에 어떤 정부를 세울지 논의한 회의는 무엇인지 쓰세요.

4 글을 읽고, 정부 수립에 대해 각각의 주장을 한 사람의 이름을 쓰세요.

- 반드시 통일 정부를 세워야 한다. (   )
- 남한만이라도 정부를 세워야 한다. (   )

5 우리 민족의 분단을 막기 위해 김구는 어떤 노력을 했는지 써 보세요. 

- -

국제 연합은 남한에서만 총선거를 실시하는 것으로 결정했어요.
김구는 분단을 막기 위해 노력했지만 막지 못했어요.

별을 노래한 시인 윤동주

윤동주는 일제 강점기에 우리 민족이 처한 어려움과 어두운 현실 속에서 희망을 갖고 부끄럼 없이 살기를 바라며 시를 썼어요. 그의 시에는 독립을 향한 의지와 희망이 담겨 있어요. 그러나 윤동주는 일본 유학 중 항일 운동을 했다는 이유로 일제에 잡혀가 1945년 2월, 일본의 감옥에서 숨을 거두었어요.

윤동주
연희 전문학교(연세 대학교)를 졸업할 때의 모습이에요.

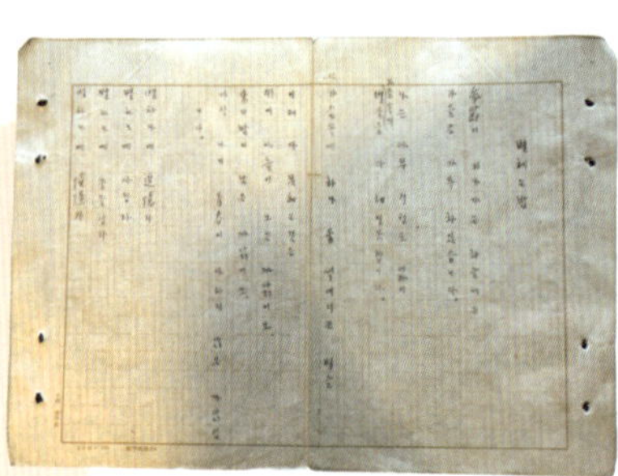

「별 헤는 밤」 원고
윤동주가 직접 쓴 원고예요.

시집 『하늘과 바람과 별과 시』
윤동주의 시를 모아 1948년에 출판된 시집이에요.

윤동주 시비
서울 연세 대학교에 있어요.

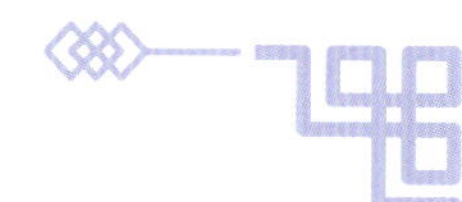

천천히 시 따라 쓰기

윤동주가 쓴 「서시」를 따라 쓰세요.

서시

죽는 날까지 하늘을 우러러

한 점 부끄럼이 없기를,

잎새에 이는 바람에도

나는 괴로워했다.

별을 노래하는 마음으로

모든 죽어 가는 것을 사랑해야지

그리고 나한테 주어진 길을

걸어가야겠다.

오늘 밤에도 별이 바람에 스치운다.

괄호에 들어갈 알맞은 말을 보기 에서 찾아 쓰면서 '민족의 고통과 저항'과 '8·15 광복'에 대해 정리해 보세요.

학교에서는 일본 역사를 가르치고 일본 말만 쓰도록 했다.

② 우리 땅 곳곳에 신사를 짓고, ( )를 강요했다.

① 우리나라 사람의 성과 이름을 일본식으로 바꾸는 ( )을 실시했다.

민족 말살 정책

⑤ 1940년, 대한민국 임시 정부는 정식 군대인 ( )을 창설했다.

민족의 고통과 저항

한국광복군

일본의 공장이나 광산 등에 우리나라 사람들을 강제로 데리고 갔다.

태평양 전쟁이 일어나자 연합군의 일원이 되어 전쟁에 참여했다.

학도 지원병제를 실시해 많은 우리나라 학생을 전쟁터로 끌고 갔다.

일제의 착취

③ 전쟁터로 끌려간 젊은 여성들은 ( )라는 이름으로 일본군에게 끔찍한 고통을 당했다.

④ 1938년, 일제는 전쟁에 필요한 것은 무엇이든 가져가기 위해 ( )을 만들었다.

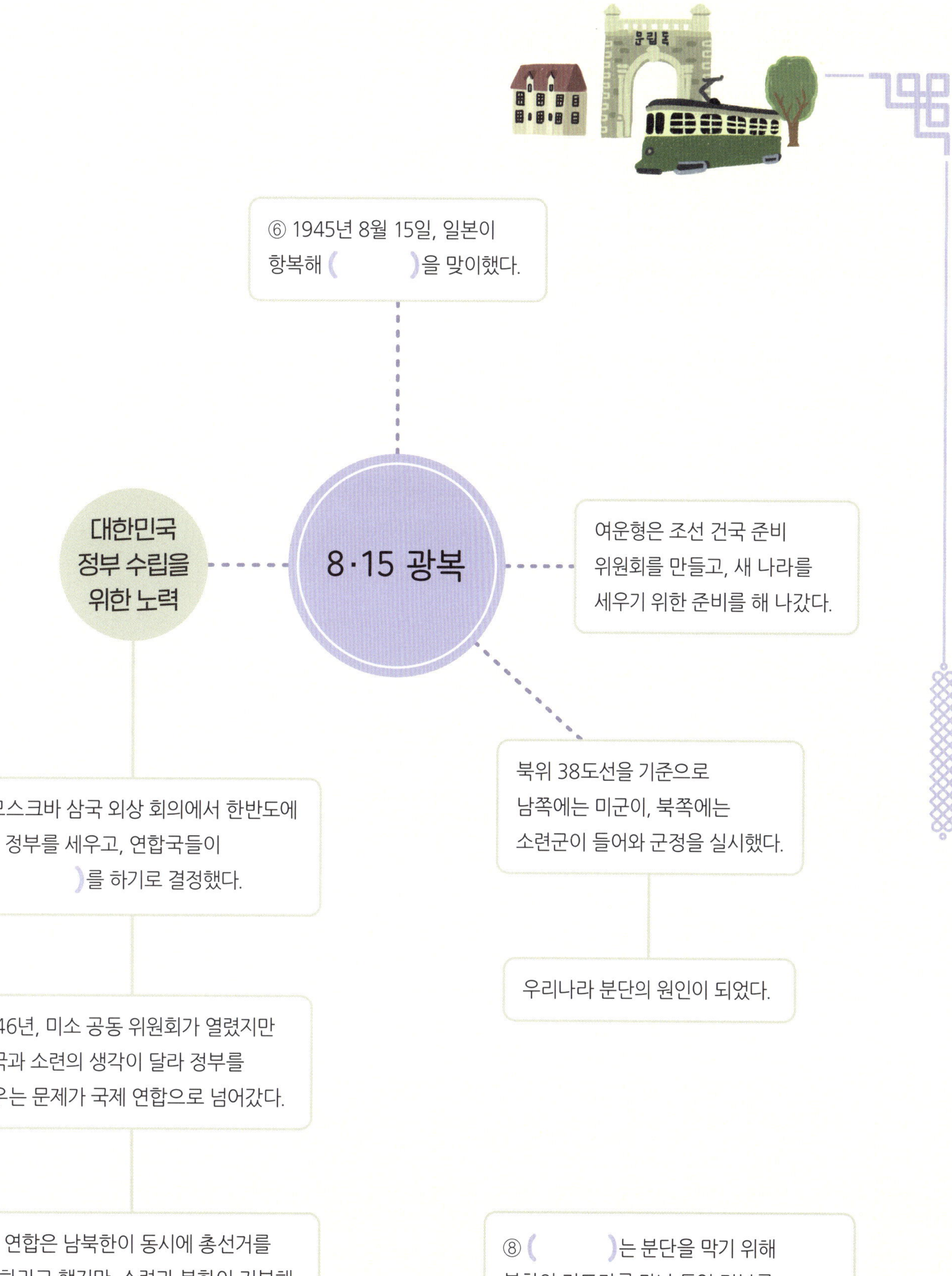

보기 창씨개명 신사 참배 광복 신탁 통치 김구 한국광복군 국가 총동원법 위안부

대한민국의 발전

1948년 — 대한민국 정부 수립
이승만을 대통령으로 하는 대한민국 정부가 세워졌어요.

1950년 — 6·25 전쟁
북한이 남한으로 쳐들어왔어요.

1953년 — 정전 협정
남한과 북한이 전쟁을 멈추었어요.

1960년 — 4·19 혁명
부정 선거에 항의하는 시민들이 시위를 벌였어요.

1962년 — 제1차 경제 개발 5개년 계획
우리나라 경제 발전을 위한 정책을 실시했어요.

1972년 — 7·4 남북 공동 성명
6·25 전쟁 이후 남한과 북한이 최초로 합의한 통일 방안으로 의미가 커요.

1997년 — IMF 외환 위기
나라에 외환이 부족해 국제 통화 기금(IMF)의 도움을 받아야 했어요.

2002년 — 한일 월드컵 개최
한국과 일본이 함께 월드컵을 개최했어요.

2018년 — 평창 동계 올림픽 개최
평창에서 동계 올림픽이 열렸어요.

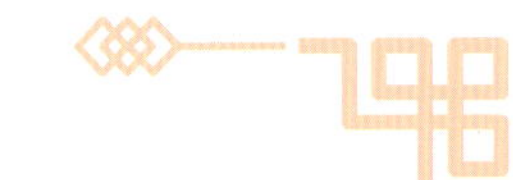

드디어 대한민국 정부가 세워지다

1948년 5월 10일, 많은 사람의 반대에도 불구하고 남한에서 총선거가 실시되었어요. 5·10 총선거는 우리나라 역사상 최초로 국민이 국회 의원을 뽑는 선거였지요. 만 21세 이상의 국민이라면 누구나 투표할 수 있는 민주적인 선거였어요.

"우리가 우리 손으로 직접 우리를 대표할 사람을 정한단 말이오?"

사람들은 처음 해 보는 투표를 신기해했어요. 당시에는 글을 읽거나 쓰지 못하는 사람이 많아서 투표용지에 숫자 대신 막대기가 그려져 있었어요.

선거로 뽑힌 국회 의원들은 모두 198명이었어요. 국회 의원들은 우리나라 최초의 헌법인 제헌 헌법을 만들고, 나라의 이름을 '대한민국'으로 정했어요.

1948년 7월 17일, 국회 의원들은 3·1 운동과 대한민국 임시 정부의 독립 정신을 계승한 제헌 헌법을 공포했어요. 그리고 대통령으로 이승만, 부통령으로는 이시영을 선출했어요. 이승만 대통령은 정부를 구성하고 1948년 8월 15일, 대한민국 정부가 세워졌음을 국내외에 선포했어요.

1948년 9월, 북한에서도 소련의 지지를 받는 김일성이 만든 정부인 조선 민주주의 인민 공화국을 세웠어요.

이렇게 남한과 북한은 각각의 정부를 세우고, 우리나라는 남과 북으로 나뉘어졌어요.

대한민국 정부 수립 축하식

역사 용어

총선거 의회를 처음 구성하거나 국회 의원 전부를 한꺼번에 뽑는 선거.
제헌 헌법 1948년에 제정, 공포한 우리나라 최초의 헌법. 1952년에 개정됨.
공포 사람들에게 널리 알림.

1 1948년 5월 10일에 치른 5·10 총선거에 대한 설명으로 옳지 <u>않은</u> 것을 고르세요. (   )

① 남한에서만 선거가 실시되었어요.

② 투표용지에 숫자 대신 막대기가 그려져 있었어요.

③ 대통령을 뽑는 선거였어요.

④ 만 21세 이상의 국민이라면 누구나 투표할 수 있었어요.

2 5·10 총선거의 역사적 의미를 써 보세요. ...수행평가 대비

3 5·10 총선거로 뽑힌 국회 의원들이 한 일에 맞게 빈칸에 들어갈 말을 쓰세요.

● 우리나라 최초의 헌법인 [   ] 을 만들었어요.

● 나라 이름을 [   ] 으로 정했어요.

4 글을 읽으면서 알맞은 사람에 ◯ 하세요.

국회 의원들이 대통령으로는 (**김규식** / **이승만**), 부통령으로는

(**이시영** / **여운형**)을 선출했어요.

5 1948년 9월, 북한에서 세운 정부 이름은 무엇인지 쓰세요.

역사 포인트

1948년, 5·10 총선거를 실시해 국회 의원을 뽑고,
1948년 8월 15일에 대한민국 정부를 세웠어요.

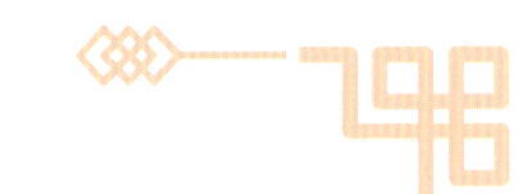

26

우리 민족 최대의 비극, 6·25 전쟁

1950년 6월 25일 새벽, 북한이 탱크를 앞세우고 38도선을 넘어 남한에 쳐들어왔어요. 무력으로 한반도를 통일하기 위해 북한이 전쟁을 일으킨 것이에요. 전쟁이 일어날 것을 전혀 예상하지 못했던 이승만 대통령과 정부는 대전으로 피란을 떠났어요. 북한군은 생각보다 강했어요. 한강의 다리를 끊어 버렸음에도 북한군에게 3일 만에 서울을 빼앗기고 말았어요.

남한이 어려움에 빠지자 국제 연합에서는 여러 나라의 군인들로 이루어진 국제 연합군과 물자를 보내 남한을 돕기로 결정했어요.

1950년 9월 15일, 맥아더 장군이 이끄는 국제 연합군과 국군은 인천 상륙 작전을 펼쳤어요. 국제 연합군과 국군이 배를 타고 인천으로 들어와 북한군을 공격하는 작전이었지요. 이 작전으로 서울을 되찾은 국제 연합군과 국군은 기세를 몰아 북한군을 공격하며 압록강까지 올라갔어요. 이대로 통일이 되는 듯했어요.

그런데 중국군이 북한을 돕기 위해 전쟁에 뛰어들었어요. 어마어마한 수의 중국군이 밀고 내려오자 끝날 것 같던 전쟁이 다시 시작되었어요. 국군과 국제 연합군은 다시 밀려나 1951년 1월 4일, 또다시 서울을 빼앗겼어요. 이것을 '1·4 후퇴'라고 해요.

하지만 국군과 국제 연합군은 다시 서울을 찾았어요. 북위 38도선 부근에서 치열한 싸움이 계속되었어요. 전쟁이 끝이 날 것 같지 않자, 결국 전쟁을 멈추자는 이야기가 나오기 시작했어요. 북한군이 쳐들어온 지 3년이 지난 1953년 7월 27일, 판문점에서 정전 협정을 맺고 전쟁을 멈추었어요.

물자 어떤 활동에 필요한 여러 가지 물건이나 재료.
맥아더 장군 국제 연합군의 최고 사령관으로 인천 상륙 작전을 지휘했음.
정전 협정 전쟁을 잠시 멈추기로 합의함. 당시 국제 연합군, 북한군, 중국군 사령관이 각각 서명함.

1 1950년 6월 25일, 북한이 남한에 쳐들어온 이유를 써 보세요.

----

2 국제 연합은 남한을 돕기 위해 어떤 일을 했는지 써 보세요.

----

3 글을 읽고, 어떤 작전인지 글자를 모두 찾아 색칠하세요.

> 국제 연합군과 국군이 배를 타고 인천으로 들어와 북한군을 공격하는 작전

이	인	천	찬	상	수	륙	폭	작	전

4 6·25 전쟁이 전개되는 과정에 맞게 순서대로 번호를 쓰세요.

- 국제 연합군과 국군이 인천 상륙 작전으로 서울을 되찾았어요. (　　)
- 정전 협정을 맺고 전쟁을 멈추었어요. (　　)
- 북한이 38도선을 넘어 남한에 쳐들어왔어요. (　　)
- 중국군이 북한을 돕기 위해 전쟁에 뛰어들었고, 서울을 또다시 빼앗겼어요. (　　)
- 남한은 북한군에게 3일 만에 서울을 빼앗겼어요. (　　)

5 글을 읽으면서 괄호에 들어갈 알맞은 말을 쓰세요.

1953년 7월 27일, (　　　　　　)에서 (　　　　　　　)을 맺고 전쟁을 멈추었어요.

1950년 6월 25일, 북한의 침략으로 전쟁이 일어났어요.
밀고 밀리는 싸움 끝에 판문점에서 정전 협정을 맺고 전쟁을 멈추었어요.

27

민주화 운동의 시작을 알린 것은 무엇일까?

초대 대통령 이승만은 헌법을 고쳐 연이어 대통령에 당선되었어요. 국민들은 그런 이승만 대통령에게 불만이 쌓여 갔어요.

1960년 3월 15일, 제4대 대통령과 부통령을 뽑는 선거가 실시되었어요. 대통령에 이승만, 부통령에 이기붕이 당선되었어요. 지난 12년간 대통령을 해 온 이승만이 또다시 대통령이 된 것이지요. 그런데 3월 15일에 치러진 선거가 부정 선거라는 것이 밝혀졌어요. 돈 주고 표 사기, 투표함에 미리 찍은 표 넣어 두기, 투표함 바꿔치기 등 온갖 부정한 방법을 사용했던 것이에요.

분노한 시민들과 학생들은 전국 곳곳에서 3·15 부정 선거에 항의하는 시위를 벌였어요. 그러던 중 마산 앞바다에서 시위에 참여했던 학생 김주열의 시체가 떠올랐어요. 얼굴에는 시위를 막기 위해 경찰이 쏜 최루탄이 박혀 있었지요. 국민들의 분노는 걷잡을 수 없이 커졌어요.

"부정 선거로 당선된 이승만은 물러가라! 선거를 다시 실시하라!"

4월 19일, 서울 시내에 시위대가 쏟아져 나왔어요. 수많은 사람이 경찰이 쏜 총에 맞아 피를 흘리며 쓰러졌어요. 하지만 더 많은 사람이 시위에 참여하면서 그 규모가 점점 커져 갔어요.

"국민이 원한다면 나는 대통령의 자리에서 이만 물러나겠소."

4월 26일, 결국 이승만은 스스로 대통령 자리에서 물러났어요. 이 사건이 바로 '4·19 **혁명**'이에요. 4·19 혁명은 학생들과 시민들이 힘을 모아 **독재** 정권을 무너뜨린 것으로, 우리나라의 민주주의를 지켜 내고 발전시키는 밑거름이 되었어요.

시위하는 시민들과 학생들

역사 용어

초대 처음으로 하는 사람이나 일.
혁명 헌법의 범위에서 벗어나 급격하게 바꾸는 것.
독재 한 사람이나 단체가 모든 권력을 차지함.

1 글을 읽고, 4·19 혁명이 일어나게 된 원인이 된 사건을 고르세요. (　　　　)

> 1960년 3월 15일에 실시된 대통령, 부통령을 뽑는 선거에서 옳지 못한 방법을 사용해 이승만과 이기붕이 당선된 사건

① 5·10 총선거　　　② 6·2 지방 선거　　　③ 3·15 부정 선거　　　④ 4·18 총선거

2 초대 대통령 이승만이 연이어 대통령에 당선될 수 있었던 이유를 써 보세요.

3 4·19 혁명에 대한 설명으로 옳지 <u>않은</u> 것을 고르세요. (　　　　)

① 부정 선거에 분노한 시민들과 학생들이 시위에 참여했어요.
② 시위에 참여한 수많은 사람이 경찰이 쏜 총에 맞아 쓰러졌어요.
③ 경찰이 시민들과 함께 시위를 벌였어요.
④ 시위대는 대통령이 물러날 것을 요구했어요.

4 4·19 혁명의 결과로 알맞은 말에 ○ 하세요.

(**이승만** / **이기붕**)이 국민의 뜻에 따라 스스로 대통령 자리에서

(**물러나지 않았다** / **물러났다**).

5 주어진 말을 이용해 4·19 혁명의 역사적 의미를 써 보세요.

> 학생들과 시민들　독재 정권
> 민주주의　밑거름

4·19 혁명으로 독재 정권을 이어 가던 이승만 대통령이 스스로 물러났어요.

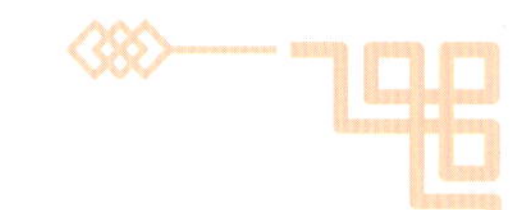

28

눈부신 경제 성장을 이룬 대한민국

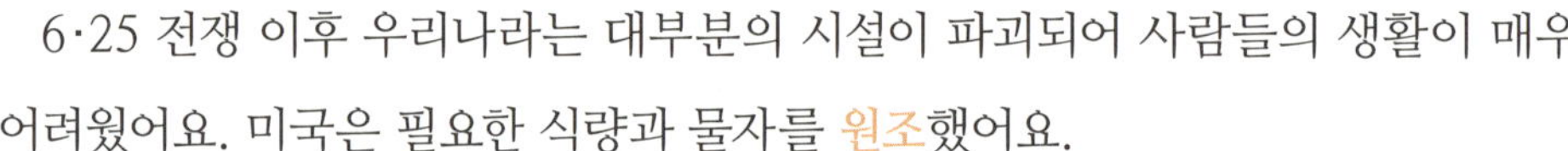

6·25 전쟁 이후 우리나라는 대부분의 시설이 파괴되어 사람들의 생활이 매우 어려웠어요. 미국은 필요한 식량과 물자를 원조했어요.

우리나라는 경제를 발전시키기 위해 1962년부터 '경제 개발 5개년 계획'을 실시했어요. 5년 단위로 경제 계획을 세우고 실천하는 정책이었지요.

우리나라는 물건을 만들어 외국에 수출하면서 경제를 발전시켜 나갔어요. 1970년에는 우리나라 최초의 고속 국도인 경부 고속 국도를 개통했고, 울산 공업 단지, 포항 제철소 등 나라의 중요한 산업 시설을 건설했어요.

도시에 비해 뒤떨어진 농촌을 발전시키기 위해 새마을 운동도 벌였어요. 마을 길을 넓히고, 초가집도 고치고, 전기도 들어오게 했어요.

경제 개발 5개년 계획이 시행되는 동안 모든 국민의 노력으로 경제가 크게 성장했어요. 세계 여러 나라들은 전쟁의 폐허를 딛고, 경제가 빠르게 성장한 우리나라의 모습을 가리켜 '한강의 기적'이라며 놀라워했어요.

하지만 1990년대 중반, 외환 부족으로 심각한 경제 위기를 겪게 되었어요. 그래서 국제 통화 기금(IMF)으로부터 외환을 빌려 와야 했어요. 다행히 우리나라는 금 모으기 운동 같은 국민들의 노력으로 극복할 수 있었지요.

오늘날 우리나라는 반도체·자동차·전자·조선 등 여러 산업 분야에서 첨단 기술 제품을 만들어 세계로 수출하고 있어요. 무역 규모가 세계 10위권 안에 들 정도로 눈부시게 발전했어요.

반도체 산업의 발달

역사 용어

원조 물품이나 돈 따위로 도움을 줌.
외환 다른 나라와 거래할 때 쓰는 돈이나 그 밖의 수단.
국제 통화 기금(IMF) 경제적인 어려움을 겪는 나라에게 외환을 빌려주는 국제기구.

1 우리나라가 경제를 발전시키기 위해 1962년부터 실시한 정책은 무엇인지 쓰세요.

2 글을 읽고, 빈칸에 들어갈 알맞은 말을 쓰세요.

1970년, 우리나라 최초의 고속 국도인 　　　　　　　　를 개통했고,

　　　　　　　　, 포항 제철소 등 나라의 중요한 산업 시설도 건설했어요.

3 괄호에 들어갈 알맞은 말을 보기 에서 찾아 번호를 쓰세요.

보기
① 금 모으기 운동
② 새마을 운동

● 도시에 비해 뒤떨어진 농촌을 발전시키기 위해 (　　　)을 벌였어요.

● 외환 부족으로 경제 위기를 겪자 국민들이 (　　　)을 펼쳤어요.

4 세계 여러 나라들이 우리나라의 모습에 한강의 기적이라고 놀라는 이유를 써 보세요.

- -

5 6·25 전쟁 이후 우리나라의 경제 모습으로 맞으면 ○, 틀리면 ✕ 하세요.

① 1962년부터 경제 개발 5개년 계획을 실시했어요. --------------------- (　　　)

② 우리나라는 물건을 만들어 외국에 수출하며 경제를 발전시켜 나갔어요. ---------- (　　　)

③ 반도체·자동차 등 첨단 기술 제품을 다른 나라에서 수입하고 있어요. --------- (　　　)

④ 외환 부족으로 경제 위기를 겪었지만 국민들의 노력으로 극복했어요. ---------- (　　　)

역사
포인트 ── 우리나라는 전쟁의 폐허를 딛고, 경제가 크게 성장해 오늘날에는 무역 규모가 세계 10위권 안에 들 정도로 발전했어요.

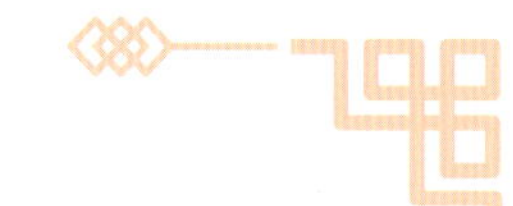

29

평화 통일을 위해 어떤 노력을 했을까?

6·25 전쟁 이후 남한과 북한은 서로 대립하고 갈등했어요. 그러다 1970년대 부터 이산가족 상봉 문제를 협의하기 위해 남북 적십자 회담을 열면서 조금씩 화해와 교류의 움직임이 나타났어요.

1972년에는 7·4 남북 공동 성명이 서울과 평양에서 발표되었어요. 자주·평화·민족 대단결의 3대 통일 원칙에 남한과 북한이 최초로 합의한 것으로 그 의미가 매우 컸어요.

1985년에는 처음으로 남북한 이산가족의 만남이 이루어졌어요. 그동안 분단으로 만나지 못했던 가족이 서로 만나 얼싸안고 눈물을 흘렸어요.

김대중 정부는 '햇볕 정책'이라는 이름으로 북한과 화해 정책을 적극적으로 펴 나갔어요. 2000년 6월, 김대중 대통령이 평양을 방문해 제1차 남북 정상 회담을 열어 남과 북이 서로 화해하고 협력하기로 약속했어요. 북한의 금강산 관광이 이루어졌고, 개성 공단을 건설해 남과 북이 공장을 세우고, 상품을 생산하며 경제 교류도 했어요.

하지만 연평도 포격 사건, 북한의 장거리 미사일 발사 실험 등의 일들이 일어나며 다시 남과 북 사이는 위기를 맞이하며 긴장감이 높아졌어요.

그러던 중 2018년, 우리나라에서 개최된 평창 동계 올림픽에 북한이 참가하면서 다시 화해 분위기가 만들어졌어요. 같은 해 문재인 대통령과 김정은 국무 위원장은 판문점 평화의 집에서 만나 한반도의 평화에 힘쓰기로 약속했어요. 현재 남북한은 평화 통일을 위해 노력하고 있어요.

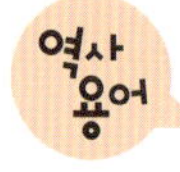

역사 용어

이산가족 상봉 분단 등으로 이리저리 흩어져 서로 소식을 모르는 가족이 서로 만남.
김대중 제15대 대통령으로, 한국인 최초로 노벨 평화상을 수상함.
개성 공단 북쪽 개성에 만든 공업 단지로 남한이 자본과 기술을, 북한이 토지와 인력을 제공함.

1 남한과 북한의 교류에 대한 설명으로 옳지 <u>않은</u> 것을 고르세요. (   )

① 1970년대부터 남북 적십자 회담을 열면서 교류의 움직임이 나타났어요.
② 2000년, 제1차 남북 정상 회담을 열고 남과 북이 협력하기로 약속했어요.
③ 6·25 전쟁 이후, 지금까지 남북은 전혀 교류 없이 대립하고 갈등하고 있어요.
④ 1985년에 남북한 이산가족이 처음 만났어요.

2 1970년, 남북 적십자 회담에서 협의한 문제는 무엇인지 쓰세요.

3 7·4 남북 공동 성명의 역사적 의미를 써 보세요. 

4 남한과 북한이 화해와 협력을 약속하고 이루었던 일을 모두 고르세요. (,   )

① 금강산 관광   ② 개성 공단 건설   ③ 연평도 포격 사건   ④ 북한 장거리 미사일 발사 실험

5 글을 읽으면서 알맞은 말에 ◯ 하세요.

악수하는 문재인 대통령과 김정은 국무 위원장

문재인 대통령과 김정은 국무 위원장이

(**판문점** / **연평도**) 평화의 집에서 만나

한반도의 (**전쟁** / **평화**)에 힘쓰기로 약속했어요.

남한과 북한은 1970년대부터 서로 교류하고 협력하며
평화 통일을 이루기 위해 꾸준히 노력하고 있어요.

세계 속의 자랑스러운 대한민국

우리나라는 온 국민의 노력으로 정보 통신 및 과학 기술 분야를 비롯해 스포츠, 예술 등의 분야에서 세계인이 주목할 만한 성과를 내고 있어요.

1992년, 세계 최초로 64메가 디(D)램 반도체를 개발한 뒤, 메모리 반도체 분야에서 세계적인 국가가 되었어요. 또 1992년에 우리별 1호 발사를 시작으로 무궁화 위성, 아리랑 위성 등 인공위성을 잇따라 발사해 높은 과학 기술을 보여 주었어요.

우리나라의 드라마와 대중가요는 전 세계에 한류 열풍을 불러일으켰어요. 한류는 우리나라의 대중문화가 해외에서 크게 유행하는 것을 말해요. 한류는 한국 가수의 노래인 케이 팝(K-pop), 한국 상품, 한국 문화, 한국어 등으로 계속 이어지고 있어요.

스포츠 분야에서는 1988년 서울 올림픽 대회, 2002년 한일 월드컵, 2018년 평창 동계 올림픽 등 세계적인 스포츠 대회를 개최하며 스포츠 강국의 모습을 보여 주었어요.

또한 세계 곳곳에서 한국인이 나눔과 봉사를 실천하고 있어요. 한국 국제 협력단(KOICA)은 전 세계 어려운 나라에 의료 시설과 학교 등을 지어 주며 봉사하고 있어요. 대한민국 국군은 국제 연합 평화 유지군이 되어 분쟁 지역에서 평화를 지키기 위한 활동을 하고 있어요.

이렇게 여러 분야에서 우리나라는 세계 속에서 보다 나은 미래를 위해 힘쓰고 있어요.

역사 용어
메모리 반도체 정보를 저장하는 용도로 사용되는 반도체.
국제 연합 평화 유지군 국제 연합에 속한 나라가 보낸 부대로, 분쟁 지역에 가서 평화 유지 활동을 함.

1 우리나라의 뛰어난 정보 통신 및 과학 기술을 보여 주는 것을 고르세요. (　　　　)

① 1992년, 세계 최초로 64메가 디(D)램 반도체 개발

② 한국 국제 협력단의 의료 시설 건설

③ 2018년 평창 동계 올림픽 개최

④ 한류 열풍을 불러일으킨 드라마와 대중가요

2 1992년에 발사한 우리나라 최초의 인공위성 이름은 무엇인지 쓰세요.

3 한류가 무엇인지 설명하는 글을 써 보세요. 

- -

4 우리나라에서 개최한 스포츠 대회를 모두 고르세요. (　　,　　,　　)

① 1983년 세계 육상 선수권 대회　　　② 1988년 서울 올림픽 대회

③ 2002년 한일 월드컵　　　④ 2018년 평창 동계 올림픽

5 세계 곳곳에서 각 단체가 하는 일을 찾아 줄로 이으세요.

한국 국제 협력단	●	●	분쟁 지역에서 평화를 지키기 위한 활동을 해요.
국제 연합 평화 유지군	●	●	어려운 나라에 의료 시설과 학교를 지어 주어요.

역사 포인트 우리나라는 정보 통신·과학 기술·스포츠·예술 분야 등에서 세계인의 주목을 받고 있고, 세계 곳곳에서 나눔과 봉사를 실천하고 있어요.

분단에서 통일로 **판문점**

판문점은 원래 널문리라고 불리던 작은 마을이었는데, 1951년에서 1953년까지 정전 회담이 열리면서 판문점으로 불리게 되었어요. 정전 협정을 맺고, 이곳은 국제 연합 측과 북한 측의 공동 경비 구역(JSA)으로 결정되었어요. 판문점 공동 경비 구역 안에는 군사 정전 위원회 회의장을 비롯해 남쪽에는 자유의 집과 평화의 집 등이, 북쪽에는 판문각과 통일각 등이 있어요.

공동 경비 구역의 군사 분계선
남측과 북측의 경비병들이 군사 분계선을
사이에 두고 경비를 서고 있어요.

평화의 집
2018년, 문재인 대통령과 김정은 국무 위원장이 만나
남북 정상 회담이 열린 곳이에요.

판문각
군사 분계선에서 바로 보이는 북한의 건물이에요.

길을 찾아라!

한반도기가 있는 곳까지 길을 찾아가면서 만난 낱말을 아래 빈칸에 모두 쓰세요.

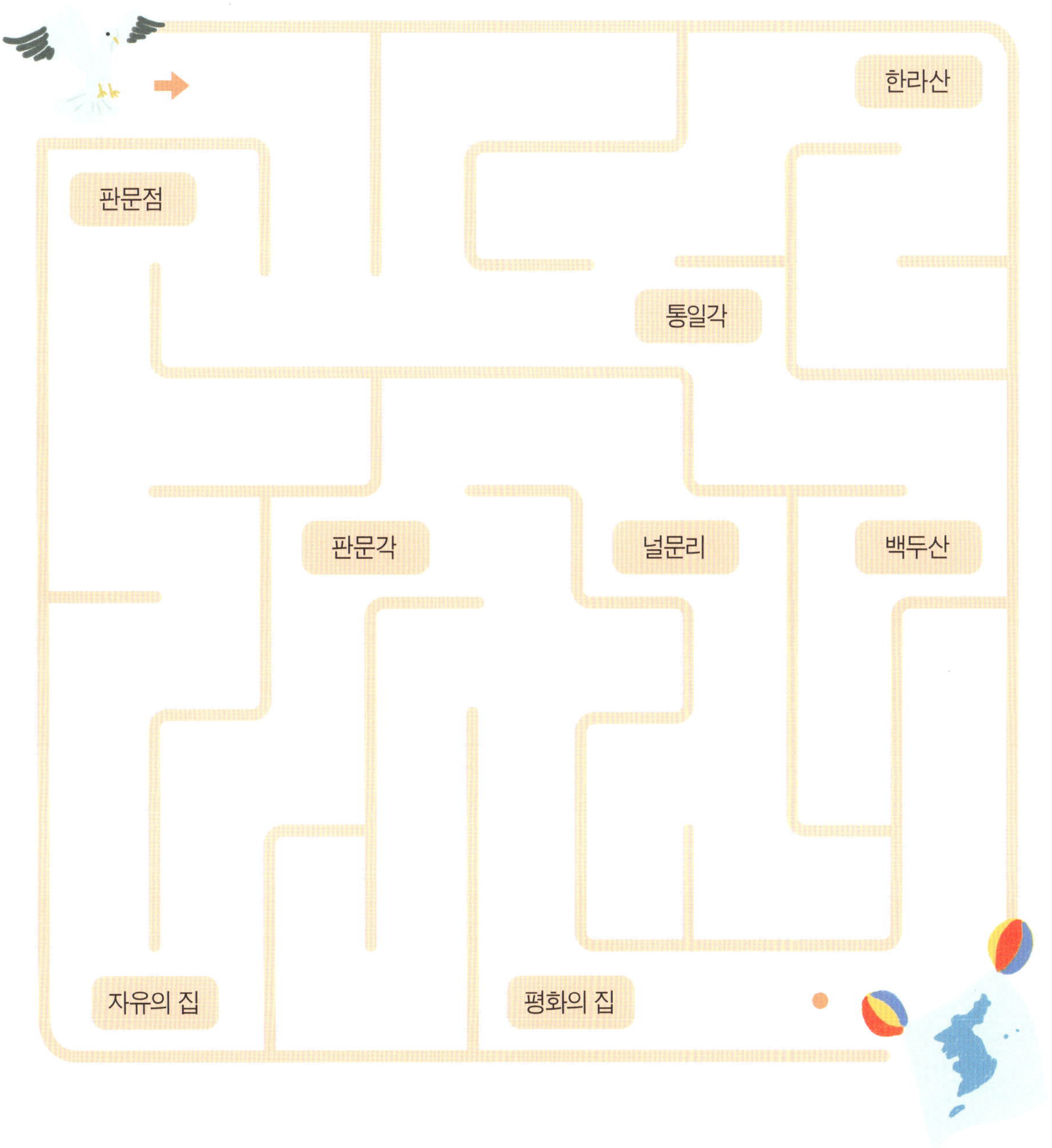

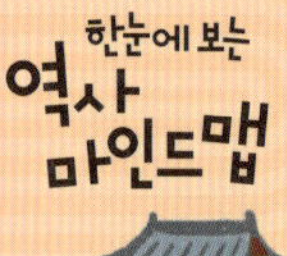

괄호에 들어갈 알맞은 말을 보기 에서 찾아 쓰면서 '대한민국의 발전'에 대해 정리해 보세요.

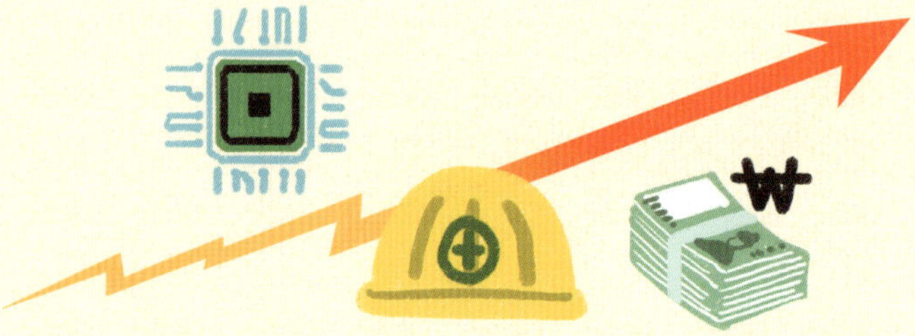

경제 발전

⑥ 1962년부터 （　　　　　　　　）을 실시해 경제가 크게 발전했다.

1985년에 처음으로 남북한 이산가족의 만남이 이루어졌다.

평화 통일을 위한 노력

2000년, 김대중 대통령이 평양을 방문해 제1차 남북 정상 회담을 열었고, 남북이 평화 통일을 위해 꾸준히 노력하고 있다.

1988년 서울 올림픽 대회, 2002년 한일 월드컵, 2018년 평창 동계 올림픽 등 세계적인 스포츠 대회를 개최했다.

세계 속의 대한민국

⑦ 메모리 （　　　　　）분야에서 세계적인 국가가 되었고, 인공위성을 발사해 높은 과학 기술을 보여 주었다.

⑧ 드라마와 대중가요가 （　　　　　） 열풍을 불러일으켰고, 케이 팝(K-pop), 한국 상품, 한국 문화, 한국어 등으로 계속 이어지고 있다.

세계 곳곳에서 한국인이 나눔과 봉사를 실천하고 있다.

MEMO

MEMO

MEMO

마인드맵으로 정리하는
한국사 독해 ⑤

정답

대한 제국과 을사늑약

1 · 9쪽

1. ②   2. 대한 제국 / 광무   3. 대한 제국이 황제가 다스리는 자주독립 국가라는 것을 세계에 알리려는 의미였어요.   4. 옛것을 근본으로 새로운 것을 받아들인다는 의미예요.   5. ③

2 · 11쪽

1. 전기 / 전화   2. 가로등 / 밤 시간을 이용하는 사람이   3. 전차 / ④   4. 수화기를 들고 전화기 옆의 손잡이를 돌리면 교환원이 전화를 받아 원하는 곳으로 연결해 주는 방식이었어요.   5. ③

3 · 13쪽

1. 을사늑약   2. 이완용, 이근택, 이지용, 박제순, 권중현   3. 한규설, 민영기, 이하영   4. ③   5. 일본의 허가 없이는 다른 나라와 어떤 조약이나 약속을 맺을 수 없게 되었어요.

4 · 15쪽

1. 삼국 시대   2. 내용: 울릉도를 울도군으로 높이고, 울도군 군수가 주변 섬인 독도와 함께 관리한다는 내용이에요. / 이유: 울릉도와 독도를 더욱 체계적으로 관리하고 우리 땅이라는 것을 확실하게 밝히기 위한 것이었어요.   3. ②, ③, ④   4. 빼앗은, 잘못된

5 · 17쪽

1. 을사늑약이 무효라는 것   2. ①, ③, ④   3. ① ○, ② ○, ③ ×, ④ ×   4. 서양 강대국들이 이미 일제가 대한 제국을 지배하는 것을 인정하고 있었기 때문이에요.   5. 고종 황제를 황제의 자리에서 물러나게 했어요. 대한 제국의 군대를 강제로 해산시켰어요.

역사 퀴즈 · 19쪽

역사 마인드맵 · 20~21쪽

① 대한 제국 ② 전차 ③ 이토 히로부미 ④ 외교권 ⑤ 만국 평화 회의 ⑥ 이준 ⑦ 다케시마

6 25쪽

1. 최익현 / 신돌석   2. ①, ③   3. 일제가 해산시킨 대한 제국의 군인들이 항일 의병 운동에 뛰어들어 신식 총과 탄약을 다루었고, 의병들에게 전술을 가르치면서 항일 의병 전쟁으로 발전했어요.   4. ①   5. 대대적인 의병 토벌 작전에 나섰어요.

7 27쪽

1. 교육과 언론으로 사람들을 깨우쳐 애국심을 키우고, 산업을 발전시켜 잘사는 나라를 만들어야 나라를 지킬 수 있다고 주장했어요.   2. 신민회   3. 안창호, 신채호, 양기탁   4. 평양, 정주, 만주   5. ④

8 29쪽

1. ①   2. 국민의 힘으로 일제에 진 빚을 갚아 나라의 권리를 되찾자는 운동으로, 국민들이 성금을 모았어요. 3. 대구   4. ①   5. 많은 국민이 나라의 권리를 되찾고 싶어 했어요.

9 31쪽

1. 이토 히로부미가 을사늑약 체결을 강요하고, 우리나라를 침략하는 데 앞장섰기 때문이에요.   2. 안중근, 하얼빈, 이토 히로부미   3. 연해주 / 뤼순   4. ③   5. 조선의 독립을 위해, 동양의 평화를 지키기 위해 민족 최대의 적인 이토 히로부미를 없앤 것이다!

역사 퀴즈 33쪽

한눈에 보는 역사 마인드맵 34~35쪽

① 최익현, 신돌석 ② 독립군 ③ 안창호 ④ 빚 ⑤ 대구
⑥ 하얼빈역

10 39쪽

1. 통감부   2. 대한 제국과 일본이 하나로 합쳐진다면 두 나라가 같이 번영할 것이다라는 내용이에요.   3. 이완용
4. ①   5. 대한 제국이 일제의 식민지가 되었다는 것을 알리듯 경복궁 근정전에 일장기가 내걸렸어요.

11 41쪽

1. 조선 총독부   2. 조선, 하나   3. ④   4. 조선 태형령
5. 우리 민족이 일제에 저항하는 것을 억압하고 감시하기 위해 무단 통치를 실시했어요.

12 43쪽

1. 집회, 강연회, 신문, 잡지   2. ③   3. 토지 조사 사업
4. ②, ①, ①   5. 지주나 일본인에게 높은 소작료를 내고 땅을 빌려 농사를 짓거나, 정든 땅을 떠나야 했어요.

13 45쪽

1. 각 민족의 운명은 그들이 스스로 결정해야 한다는 주장이에요.   2. 2·8 독립 선언서   3. 태화관 / 탑골 공원
4. 조선이 독립국임과 조선인이 자주민임을 선언하노라!
5. ①, ②, ④

14 47쪽

1. 이화 학당   2. 일제가 만세 시위를 막기 위해 학교 문을 닫았어요.   3. 아우내 장터, 만세 시위   4. ③
5. 유관순은 아우내 장터에서 만세 시위를 이끌다 잡혀서 서대문 형무소에 갇혔어요. 그곳에서 고문을 받다가 열여덟 살에 숨을 거두었어요.

역사 퀴즈 49쪽

역사 마인드맵 (한눈에 보는) 50~51쪽

① 이완용 ② 조선 총독부 ③ 조선 태형령
④ 헌병 경찰제 ⑤ 토지 조사 사업 ⑥ 2·8 독립 선언서
⑦ 독립 선언서 ⑧ 아우내 장터

15 55쪽

1. ①, ②, ④   2. 상하이는 중국 땅이어서 일제의 손길이 덜 미쳤고, 여러 나라의 대사관이 있어서 외교 활동을 펴기 좋았기 때문이에요.   3. 국민   4. ①, ②, ③   5. 대부분의 강대국들도 식민지를 거느리고 있어 큰 관심을 얻지 못했어요.

16 57쪽

1. ① ○, ② ×, ③ ○, ④ ×   2. 홍범도   3. 홍범도 장군의 독립군 부대가 만주 봉오동 골짜기에 숨어 있다가 일본군을 공격해 크게 이긴 전투예요. 독립군이 거둔 첫 번째 큰 승리로, 독립군의 사기를 끌어올렸어요.   4. 김좌진 / 청산리 대첩   5. 독립군이 거둔 첫 번째 큰 승리-봉오동 전투 / 독립군이 거둔 가장 큰 승리-청산리 대첩

17 59쪽

1. 농촌 계몽 운동 / 물산 장려 운동   2. 아는 것이 힘, 배워야 산다!   3. 이상재 / 조만식   4. 일본 회사에서 만든 물건이 싼값에 들어오자 우리 기업들의 물건은 잘 팔리지 않았어요.   5. 조선 사람 조선 것으로, 조선인이 만든 것을 입고, 먹고, 쓰자!

18 61쪽

1. 광주 학생 항일 운동   2. 4, 2, 3, 1   3. 민족 차별, 식민지 교육   4. 그동안 식민지 교육과 민족 차별을 받던 학생들의 울분이 한꺼번에 폭발했고, 항일 단체인 신간회가 학생들의 시위를 도왔기 때문이에요.   5. 5개월, 5만 명

19 63쪽

1. 김구   2. 대한민국 임시 정부의 김구가 일제의 지위 높은 관리들을 암살하기 위해 만든 독립운동 단체예요.   3. 일본 땅 한복판에서 일어난 사건이기 때문이에요.   4. 이봉창 / 윤봉길   5. ③

역사 퀴즈 65쪽

역사 마인드맵 66~67쪽

① 상하이 ② 홍범도 ③ 청산리 대첩 ④ 이봉창
⑤ 윤봉길 ⑥ 농촌 계몽 운동 ⑦ 조만식 ⑧ 민족 차별

20 71쪽

1. 민족 말살 정책   2. ②   3. 강제로 우리나라 사람의 성과 이름을 일본식으로 바꾸도록 한 것이에요.   4. 회사에 들어가지 못했어요. 자녀가 학교에 다닐 수 없었어요. 나라에서 주는 물자를 받을 수 없었어요.   5. ①, ②, ④

21 73쪽

1. 국가 총동원법   2. 전쟁에 필요한 무기를 만들 쇠붙이가 부족하다고 거두어 갔어요.   3. ④   4. 학도 지원병제   5. 위안부

22 75쪽

1. 한국광복군   2. ②, ④   3. 영국군과 함께 작전을 펼쳤어요. 일본 포로에게 정보를 캐물었어요. 일본군의 마음을 불안하게 하는 방송을 했어요. 일본어로 된 암호를 풀었어요.   4. 광복, 항복   5. 한국광복군을 국내에 침투시켜 연합군인 미군과 함께 일제를 모조리 몰아낼 작전을 세웠어요.

23 77쪽

1. ②   2. 여운형   3. 일본군을 모조리 몰아낸다며 우리나라에 군대를 보냈어요.   4. 미군과 소련군이 각자의 나라에 유리한 정부를 세우기 위해 북위 38도선을 기준으로 남쪽과 북쪽에 들어와 각각 자신들의 방식으로 군정을 실시했어요.   5. 인정하지 않았어요

24 79쪽

1. 모스크바 삼국 외상   2. 1, 4, 3, 2   3. 미소 공동 위원회   4. 김구 / 이승만   5. 북한으로 가서 북한의 지도자를 만나 통일 정부를 세우자고 설득했어요.

역사 퀴즈 81쪽

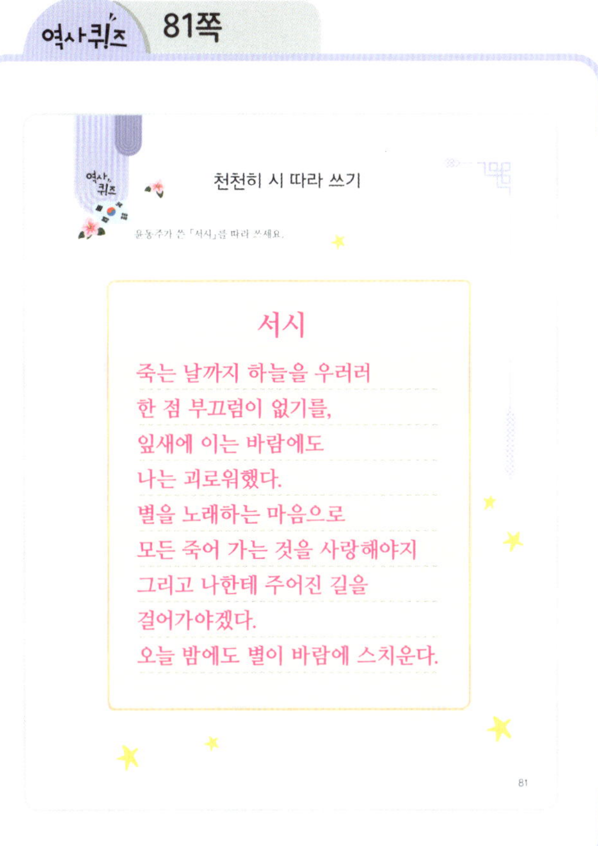

한눈에 보는 역사 마인드맵 82~83쪽

① 창씨개명 ② 신사 참배 ③ 위안부 ④ 국가 총동원법
⑤ 한국광복군 ⑥ 광복 ⑦ 신탁 통치 ⑧ 김구

25 87쪽

1. ③ 2. 우리나라 역사상 최초로 국민이 국회 의원을 뽑는 선거였어요. 만 21세 이상의 국민이라면 누구나 투표할 수 있는 민주적인 선거였어요. 3. 제헌 헌법 / 대한민국 4. 이승만, 이시영 5. 조선 민주주의 인민 공화국

26 89쪽

1. 무력으로 한반도를 통일하기 위해서였어요. 2. 여러 나라의 군인들로 이루어진 국제 연합군과 물자를 보냈어요. 3. 인, 천, 상, 륙, 작, 전 4. 3, 5, 1, 4, 2 5. 판문점, 정전 협정

27 91쪽

1. ③ 2. 헌법을 고쳤어요. 3. ③ 4. 이승만, 물러났다
5. 4·19 혁명은 학생들과 시민들이 힘을 모아 독재 정권을 무너뜨린 것으로, 우리나라의 민주주의를 지켜 내고 발전시키는 밑거름이 되었어요.

28 93쪽

1. 경제 개발 5개년 계획 2. 경부 고속 국도, 울산 공업 단지 3. ② / ① 4. 전쟁의 폐허를 딛고, 경제가 빠르게 성장했기 때문이에요. 5. ① ○, ② ○, ③ ×, ④ ○

29 95쪽

1. ③ 2. 이산가족 상봉 3. 자주·평화·민족 대단결의 3대 통일 원칙에 남한과 북한이 최초로 합의한 것이에요. 4. ①, ② 5. 판문점, 평화

30 97쪽

1. ① 2. 우리별 1호 3. 우리나라의 대중문화가 해외에서 크게 유행하는 것이에요. 4. ②, ③, ④ 5. 한국 국제 협력단-어려운 나라에 의료 시설과 학교를 지어 주어요. / 국제 연합 평화 유지군-분쟁 지역에서 평화를 지키기 위한 활동을 해요.

역사 퀴즈 99쪽

한눈에 보는 역사 마인드맵 100~101쪽

① 대한민국 ② 총선거 ③ 북한 ④ 정전 협정
⑤ 독재 정권 ⑥ 경제 개발 5개년 계획 ⑦ 반도체
⑧ 한류

MEMO